위대한 팀의 탄생

위대한 팀의 탄생

마이크 로빈스 지음 | 이지연 옮김

심리적 안전은
어떻게 강력한 조직을 만드는가

WE'RE ALL IN THIS TOGETHER

더퀘스트

함께 일하고 싶은 팀을 만들기 위해서는 용기와 헌신 그리고 완전한 솔직함에 대한 의지가 필요하다. 이 책에는 팀으로 일하기 위한 모든 기술이 담겨 있다.

— 킴 스콧Kim Scott, 〈뉴욕 타임스〉 선정 베스트셀러 《실리콘밸리의 팀장들》 저자

우리는 서로 다르기보다는 비슷한 면이 훨씬 더 많다. 그 점을 잘 이해하고 활용하는 게 건강한 팀과 조직, 커뮤니티를 만들어 번창하는 길이다.

— 고피 칼라일Gopi Kallayil, 구글 디지털 혁신 및 전략 책임자

지난 20년간 나는 다양한 업종에서 높은 성과를 내는 팀들과 함께 작업하는 영광을 누렸다. 이 책의 여러 통찰과 기법, 실천 과제는 당신의 팀을 더욱더 훌륭한 팀으로 만들어줄 것이다.

— 존 고든Jon Gordon, 50만 베스트셀러 《에너지 버스》 저자

오늘날 비즈니스 세계에서 튼튼한 조직문화를 구축하는 것은 경쟁 우위를 점하기 위한 필수 요소다. 저자는 뛰어난 성과를 위해 리더나 각 팀이 활용할 수 있는 구체적 요령과 이를 뒷받침하는 중요한 연구 결과들을 소개한다. 또 팀원들이 서로 인간적 교감을 나누고 최적의 성과를 낼 수 있도록 팀 환경을 조성하는 로드맵을 제시한다.

— 톰 래스Tom Rath, 〈뉴욕 타임스〉 선정 베스트셀러 《당신의 양동이는 얼마나 찼을까How Full is Your Bucket》 공동 저자

훌륭한 팀은 의견 충돌과 포용을 환영한다. 이 얼마나 강렬한 패러독스인가! 나는 매일 우리 팀의 문화를 돌아보게 해주는 이 책이 정말 좋다.
– 디라지 판데이Dheeraj Pandey, 데브레브DevRev CEO이자 뉴타닉스Nutanix 공동 설립자

저자와 우리 회사는 그동안 훌륭한 파트너십 관계를 유지해왔다. 그가 이 책에서 알려주는 중요한 아이디어들은 직원들과 고객들, 팀 문화에 강력하고 긍정적인 영향을 끼쳤다.
– 마이크 코커리Mike Corkery, 델테크Deltek CEO 겸 회장

나는 스탠퍼드대학교 야구선수 시절부터 저자와 친구로 지냈다. 야구에서도, 사업에서도, 인생에서도 그는 진짜 챔피언이 무엇인지 안다. 이 책은 당신의 팀이 똘똘 뭉쳐 최고의 성과를 내도록 도울 것이다.
– 브로디 밴 웨지넌Brodie Van Wagenen, 락네이션스포츠Roc Nation Sports 전략 및 사업개발 팀장 겸 최고운영책임자COO

이 책의 강력한 아이디어들은 내게 그동안 훌륭한 영감을 제공했다. 당신의 팀이 얼마나 훌륭해질 수 있는지 이 책이 보여줄 것이다.
– 에이미 브룩스Amy Brooks, NBA 최고혁신책임자CIO

지금 이 시대에 훌륭한 리더와 팀, 조직문화는 기업의 경쟁 우위 요소다. 이 책에서 저자는 당신의 팀이 진정한 신뢰와 소속감을 키우는 방법을 알려준다.
– 칩 콘리Chip Conley, 에어비앤비 전략 자문이자 《일터의 현자》 저자

지난 10년간 마이크 로빈스와 함께한 시간은 우리 회사의 사업과 조직문화를 성공적으로 키워내는 촉매제 역할을 했다. 이 책에서 그가 알려주는 개념들은 나와 우리 회사 전체에 심대한 영향을 미쳤다.

— 제이슨 휴즈Jason Hughes, 휴즈 마리노Hughes Marino 소유주이자 CEO 겸 회장

오늘날처럼 다양성이 중요한 비즈니스 세계에서 리더나 팀, 조직이 번창하려면 구성원들을 포용하고 모두가 소속감을 느끼는 환경을 적극적으로 조성해야 한다. 이 책은 당신의 팀과 회사가 그런 문화를 만들고 발전시킬 수 있게 촉매제가 되어줄 것이다.

— 제니퍼 브라운Jennifer Brown, 《포용적 리더가 되는 법How to Be an Inclusive Leader》 저자

스포츠와 비즈니스, 인생에서 성공하려면 팀워크를 갖춰야 한다. 이 책에서 저자는 사람들이 합심하고, 공통점을 찾아내고, 높은 성과를 내는 팀 문화를 만드는 중요한 요령을 알려준다.

— 안드레 챔버스Andre Chambers, 오클랜드 애슬레틱스Oakland Athletics 인사 담당 부사장

나는 오랫동안 저자를 알고 지냈다. 그의 접근법과 아이디어들은 나와 우리 팀에 강력한 영향을 미쳤다. 이 책은 당신의 팀이 최고의 모습을 발휘하도록 도와줄 것이다.

— 키스 화이트Keith White, 세일즈포스Salesforce 안전 및 보안 책임자

미셸, 서맨사, 로지. 나한테 가장 중요한 팀은 우리 가족이란다.
정말 사랑한다. 지금 모습 그대로여서,
나를 많이 사랑해줘서 고맙다.
우리가 함께 이렇게 아름다운 가족을 이룰 수 있어 정말 다행이야!

이 책을 처음 구상한 것은 전작《영혼 없이 출근하지 마라^{Bring Your} Whole Self to Work》를 펴내고 한 달쯤 지난 2018년 6월의 일이다. 책을 또 낼 계획은 아니었다. 더구나 그렇게 빨리 후속작을 쓸 생각은 없었다. 하지만 최근 기업의 생태계가 급속도로 변화하는 걸 지켜보면서 팀워크와 조직문화에 특화된 책이 필요하다는 생각이 머리를 떠나지 않았다.

책 내용은 충분히 써봄직했다. 전작들에서 소개한 아이디어들을 발전시키고 싶었고, 팀 성과 및 기업문화와 관련해 내가 조사 중이던 새로운 내용도 소개하고 싶었다. 하지만 '빨리' 내야 한다는 부분이 쉽지 않았다. 나는 아직 책을 쓸 준비가 되어 있지 않았다. 그럴 만한 시간이나 심적 여유도 없었다. 또 가족이나 회사 직원들, 가까운 사람들이 협조해줄지도 의문이었다. 책을 한 권 쓴다는 것은 어마어마한 시간과 집중력이 필요한 일이고 신경 쓸 일도 많기 때문이다.

그런데 한 번 떠오른 생각은 나를 가만히 내버려두지 않았다. 머릿속에서는 계속해서 '이 책을 써야 돼. 지금 당장 써야 한다고!' 하는 목소리가 점점 더 커져갔다. 전 세계가 정치적, 문화적으로 분열되어 있는 지금, 새로운 조직문화의 필요성을 다룬 책을 세상에 내놓는 게 뭔가 중요한 의미가 있는 것만 같았다.

팬데믹 이후 모든 게 변했다. 코로나 바이러스가 세상을 뒤집어놓았고 일하거나 생활하는 방식도 모조리 바꿔놓았다. 예정되어 있던 모든 대면 강연이 취소되거나 연기됐다. 이 책을 출간하려고 세웠던 모든 계획이 물거품이 됐다. 많은 사람이 그랬겠지만, 나는 겁이 났고 갈피를 잡을 수 없었다. 무슨 일이 벌어질지 짐작조차 가지 않았다.

외출을 자제하라는 권고가 나오고 처음 몇 주 동안은 혼돈 그 자체였다. CNN 앵커 앤더슨 쿠퍼Anderson Cooper부터 마이크 펜스Mike Pence 부통령, 세계적인 기업의 CEO들까지 "우리는 모두 한 배를 탔습니다.We're all in this together"라는 표현을 썼다. 그러던 중 이 책이 출간됐다.

나는 팬데믹 상황을 염두에 두고 이 책을 쓴 것은 아니었지만 많은 부분이 여러모로 중요한 변화를 겪고 있던 시대 상황에 부응했다. 이후 몇 달간 우리 회사와 파트너 관계에 있는 여러 기업과 팀들, 리더들, 그 외 많은 사람이 이 책을 읽었고, 내가 팟캐스트나 소셜 미디어, 영상 강연 등을 통해 이 책의 핵심 메시지인 "우리는 한 배를 타고 있다."라고 말하는 걸 들었다. 그러면서 흥미로운 대화와 반론들을 접하게 됐다. 사람들이 이야기하고, 공유하고, 질문한 수많은 내용 중 계속해서 등장했던 질문은 바로 이거였다.

"우리가 정말로 한 배를 타고 있나요?"

처음 내가 이 말을 들은 것은 리더들로부터였다. 당시 리더들은 무급 휴가, 일시 해고를 비롯해 직원 및 사업의 미래와 관련한 어려운 의사결정들을 내리고 있었다. 그들은 불확실성과 두려움이 가득한 시기에 어떻게 하면 직원들과 진정성 있게 소통하고, 이 어려운 결정들을 책임감 있게 내릴 수 있을지 고민하고 있었다. 특히나 팬데믹 초기에는 경제적 관점에서 봤을 때 마치 진짜 '승자'와 '패자'가 있는 것처럼 보였다.

5월에 무자비한 조지 플로이드^{George Floyd} 사망 사건(경찰이 흑인 용의자를 체포하는 과정에서 무릎으로 목을 짓눌러 결국 질식사하게 만든 사건. 미국 전역에 경찰의 과잉 진압 및 인종차별에 대한 항의시위를 불러일으켰고 해당 경찰관은 살인죄로 기소되었다-옮긴이)이 일어났다. 그러자 제도적 불공정의 문제가 드러난 이 끔찍한 비극에 미국뿐 아니라 국제 사회까지 심각한 반응을 보였다. 인종차별과 불평등, 사회적 정의에 관한 대화가 사회 모든 분야에서 전면에

등장했고 특히나 직장 내 다양성과 공정, 포용의 문제가 크게 대두되었다.

나는 이것이 우리 모두의 일이라는 나의 메시지에 진지하게 반대하는 사람들과 어려운 대화를 이어나갔다. 그들은 팬데믹과 조지 플로이드의 죽음 등이 이 나라와 세상의 불평등을 보여주는 전형적인 예라고 지적했다. 이 모든 논의를 더 깊이 있게 파고들어 보니 '우리는 모두 같은 격랑을 만났지만 서로 다른 배에 타고 있다'는 사실을 분명히 알 수 있었다.

어느 정도는 늘 그럴 수밖에 없다. 그러나 우리 모두가 경험한 지난 2년간 이 근본적인 역학 관계, 즉 '같은 폭풍, 다른 배' 문제를 해결하는 것은 더욱더 중요한 일이 됐다.

우리가 '내(가 타고 있는) 배'에서 일어나는 일에 초점을 맞추는 것은 어찌 보면 당연한 일이다. 특히나 배에 서서히 물이 차고 있다거나 배의 안정성에 심각한 문제가 있거나 도저히 안전하다는 자신이 서지 않는다면 말이다. 그러나 모순적이게도 폭풍의 한가운데서 우리가 할 수 있는 가장 중요한 일은 고개를 들어 내 주위 사람들이 타고 있는 배에서 벌어지는 일을 살피는 것이다. 그래야 도움을 청하든, 제공하든 하면서 더 잔잔한 바다로 나아갈 수 있을 테니 말이다.

나는 유례없는 글로벌 팬데믹에 접어들면서 이 점이 분명해질 거라는 사실을 모른 채 이 책을 썼다. 해결이 시급한 인종적, 문화적 문제가 크게 부각될 거라는 사실도 몰랐다. 그러나 이 책의 많은 부분과 이 책을 쓰는 바탕이 된 여러 원칙은 그 어느 때보다 요즘 더 중요해졌다고 생각한다. 비록 지금 당장 해결하기는 힘들다고 하더라도 말이다.

지난 몇 년간의 수많은 일을 생각할 때, 또 팬데믹을 헤쳐나가기 위해 최선을 다했던 수많은 사람과 리더, 팀, 기업들을 도우며 알게 된 것들을 돌아보았을 때 그리고 이 어려운 시기에 내가 경험한 내용들을 살펴봤을 때 몇 가지 중요한 사항이 드러난다.

첫째, 우리는 생각보다 회복력이 있고, 생각보다 강하다. 만약 내가 2019년 말에 당신에게 "앞으로 몇 년간 이런 일이 벌어질 거예요."라고 말했다면 아마 내 말을 믿지 않았을 것이다. 혹시나 그 말을 그대로 믿었더라도 당신이나 당신의 가족들, 당신의 팀이 그동안 해왔던 일들을 그런대로 계속할 수 있다고 생각지 않았을 것이다.

그런데 지금 우리를 보라. 두들겨 맞고, 멍들고, 지쳤지만 그래도 여전히 앞으로 나아가고 있지 않은가? 그 많은 변화와 고통, 혼란, 상실, 불확실성, 슬픔 등을 겪었는데도 말이다. 팬데믹 사태는 내가 아는 모든 사람들, 함께 일했던 사람들 그리고 나 자신에게도 믿기지 않을 만큼 힘든 일이었다. 그러나 한편으로 이 사태는 많은 걸 가르쳐주기도 했다. 상황이 힘들고 도저히 못 해낼 것 같다고 생각할 때조차 우리에게는 적응하고, 방향을 바꾸고, 끝까지 버티는 능력이 있다는 걸 다시 한번 깨닫는 계기가 됐다.

둘째, 우리는 직장에서나 사회에서 다양성, 공정, 포용의 문제를 결코 피해갈 수 없다. 이것들은 어렵고 개인적이고 정서적이고 복합적인 문제다. 우리 각자에게 미치는 영향도 제각각 다르다. 나 같은 사람들, 즉 이성애자에 백인이고, 생물학적 성과 성정체성이 서로 일치하며 미국 남성으로 사는 사람들은 인종이나 젠더(생물학적 성性과는 구별되는 사회적인 성性 – 옮긴이), 정체성 등을 굳이 생각하거나 힘겹게 상대하지 않아도 된다. 그런데 우리와는 다른 정체성을 가진 친구나 동료, 회사 직원들은 심심찮게 힘든 상황들을 경험한다는 걸 새롭게 알게 되었다.

사람들이 진정한 소속감을 느끼는 공정하고 건강한 환경을 만들려면 계속해서 이들 문제를 다루어야 한다. 이에 관해 이야기하고 우리 자신을 교육하며 서로를 더 잘 이해해야 한다. 우리가 생각하고, 대화하고, 행동하고, 리드하고, 채용하고, 의사결정하고, 일하는 모든 방식에 의미 있는 변화를 만들어가야 한다. 그동안 진전도 있었고 인식도 높아졌지만 이 문제에 관한 한 우리는 아직도 갈 길이 멀다.

셋째, 정신 건강은 신체적 건강만큼이나 혹은 그보다 더 중요하다. 지난 몇 년간 겪은 팬데믹 사태는 전 세계적으로 정신 건강의 위기를 초래했다. 지금도 그 위기의 한가운데 있다. 이 위기의 영향을 남들보다 더 크게 받은 집단 혹은 커뮤니티가 있는 것은 분명하지만, 영향을 받지 않은 사람은 아무도 없다. 지난 2년간 모든 사람이 상실과 슬픔, 불안, 우울 등을 겪었다.

정신 건강을 적극적으로 다루는 것은 개인의 건강과 행복은 물론이고, 팀이나 조직의 건강과 성공에도 기본이 된다. 이 문제는 개인적인 것이지만 이제는 직장 생활에서도 더 이상 피할 수 없는 이슈다. 지난 수십 년간 많은 기업과 업계에서 직원의 신체적 건강에 관심을 기울여온 것과 마찬가지로, 특히 요즘에는 정신과 정서 건강에 더 많은 관심이 필요하다.

넷째, 재택근무는 여러 가지 어려움도 제기했지만 몇몇 기회도 만들었다는 걸 이제는 모두가 알았을 거라고 생각한다. 가상공간에서도 사무실에 있는 것과 별 차이 없이 효과적으로 해낼 수 있는 일들도 분명히 있다. 그리고 재택근무에는 편리하고 효율적이고 심지어 즐거운 측면도 있다. 하지만 함께 있지 못해서 잃어버린 것들도 많다는 사실 역시 다들 깨달았으리라 생각한다. 한 공간에 있지 않으면 인간적 차원에서 교감하기가 매우 힘들다.

팀 문화나 기업문화의 많은 부분은 구성원들이 함께 시간을 보내고, 경험을 공유하고, 서로의 눈을 보며 직접 대화를 나누는 데서 만들어진다. 재택근무를 하면서도 의미 있는 방식으로 교감을 유지하는 방법을 찾아내는 것은 쉽지 않겠지만 반드시 필요한 일이다. 팬데믹 기간 내내 이는 우리에게 어려움을 주었고, 엔데믹으로 가는 동안에도 계속해서 답을 찾아야 할 문제다. 우리는 자신과 팀, 조직을 위해 늘 이 문제를 염두에 두고 적극적이면서도 유연한 태도로 해결책을 찾아나가야 할 것이다.

마지막으로 나는 이 모든 경험이 우리에게 사람과 인간관계, 팀워크의 중요성에 관해 많은 것을 가르쳐줬다고 생각한다. 한편으로 우리는 인생에서 중요한 수많은 사람들 혹은 함께 일하는 사람들과 물리적으로 분리되는 경험을 했다. 그런데 역설적이게도 다양한 폭풍우를 헤쳐나가려고 최선을 다하는 동안 우리는 인류애를 다시 한번 느끼기도 했다. 이 모든 역경을 극복하면서 서로 교감을 유지하는 것은 그 어느 때보다 어려웠고 또 중요했다.

독특한 성격을 가졌던 이번 팬데믹과 그밖의 단절과 분리, 오해, 고립 등을 심화할 수 있는 여러 이슈와 씨름하는 통에 우리는 인간이기에 갖고 있는 근원적 취약성을 다 같이 한번 느껴보게 됐다.

이와 같이 우리가 서로의 고유함과 차이를 최대한 인정해야 한다는 게 이 책의 핵심 내용이다. 그러나 동시에 서로 다른 점보다 비슷한 점이 훨씬 더 많다는 것도 잊지 말아야 한다.

이 책은 네 가지 원칙을 소개한다. 여기에 나오는 아이디어와 스토리, 연습 과제, 제안들이 당신에게 유용하고 가치 있기를 바라며 당신과 당신의 팀, 조직, 주위 모든 사람들이 이 복잡한 폭풍을 뚫고 반대편으로 가는 데 도움이 되기를 바란다.

지난 몇 년간은 너무도 힘들었고, 또 앞으로 무슨 일이 일어날지 전혀 알 수 없다. 하지만 우리가 주위 사람들에게 기댈 수 있고 또 그러려고 마음만 먹는다면 혼자가 아니라는 사실을 끊임없이 기억할 수 있을 것이다. 이 모든 게 참으로 역설적이지만, 정말로 우리는 한 배를 타고 있다.

캘리포니아주 노바토에서
마이크 로빈스

목차

✦ 제1장 ● 심리적 안전을 확보하라 ✦

제2장 ● 소속감에 초점을 맞춰라

제3장 ● 기꺼이 어려운 대화를 나눠라

제4장
서로를 돌보며 도전 의식을 자극하라

당신의 팀을 넥스트 레벨로
끌어올리는 대담한 여정

팀원 간 역학 관계의 중요성과 파급력을 처음 제대로 알게 된 건 1985년 여름 내가 열한 살 때의 일이다. 당시 어린이 야구 리그에서 3년째 뛰고 있었고, 그 시즌 우리 팀의 출발은 아주 뜨거웠다. 첫 네 경기를 내리 이겼는데, 직전 2년간 거두었던 연간 승수보다 더 많은 승리였다. 4연승으로 시즌을 시작하니 정말로 신났다. 우리 팀의 투수였던 알렉스와 나는 경기를 압도했고 자신감이 넘쳤다. 같은 팀으로서 우리는 서로를 잘 알았다. 팀원끼리 아주 좋아했으며 모두가 잘되기를 진심으로 응원하는 것처럼 보였다. 당연히 승리는 패배보다 훨씬 재미났고, 우리는 승리가 좋았다.

그러다가 다섯 번째 경기를 졌다. 참패였다. 여섯 번째 경기도 졌다. 우리는 패배를 잘 받아들이지 못했다. 징징거리고, 남 탓을 하고, 서로 자기가 옳다고 우겼다. 우리 팀 감독이었던 데이비드 선생님은 그런 모습에 크게 실망했지만 어떻게 해야 할지 알지 못했다. 몇 년째 이 팀에서 뛰었고 에이스였던 나는 처음 겪는 특이한 상황에 빠졌다. 팀의 주장이 된 것이다. 감독님은 나에게 선수단 미팅을 열어 팀원들에게 지금 상황에 관해 이야기해보면 어떻겠냐고 했다. 나는 무슨 말을 어떻게 해야 할지 잘 몰랐지만 그러겠다고 했다.

나는 운동장 한쪽 구석으로 팀원들을 불러모았다. 그리고 잔디 위에 둥그렇게 모여 앉아 이렇게 말했다. "나는 우리가 지난 두 경기에서 보여준 것보다 훨씬 더 잘하는 팀이라고 생각해. 서로 옥신각신하고 남 탓을 해봤자 다음번에 이기는 데 도움이 되지는 않을 것 같아."

우리는 꽤 오랫동안 대화를 나누었다. 팀에 대해서, 그리고 어떻게 해야 다시 제자리로 돌아갈 수 있을지 이야기했다. 논의가 끝나갈 무렵, 팀원 중 한 명인 샘이 처음으로 입을 열었다. "더 열심히 해야 돼. 우리가 가진 걸 다 쏟아부어야 해. 110퍼센트까지!" 샘의 말에서 무언가가, 또 그 말을 하는 샘의 열정적 태도가 나를 비롯해 많은 아이들의 가슴을 진정으로 울렸다. 우리는 고개를 끄덕였고 여기저기서 "맞아!" 하는 소리가 터져 나왔다.

그때부터 우리는 "110퍼센트까지!"라는 말을 주문처럼 외기 시작했다. '가진 걸 모두 쏟아붓자'는 우리만의 암호였다. 우리는 그다음 연습과 그다음 경기 때부터 서로에게 "110퍼센트까지!"라고 말하기 시작했다. 그러자 그 경기를 이겼다. 결국 남은 경기를 모두 승리하면서 정규 시즌을 8승 2패로 마무리하고 디비전 1위를 차지했다. 이 말은 플레이오프에 진출해서 시장기 챔피언을 노릴 수 있는 기회가 주어진다는 뜻이었다. 우리로서는 처음 겪는 신나는 경험이었다.

이후 플레이오프 경기를 잘 치렀지만, 아쉽게도 시장기 챔피언이 되지는 못했다. 그러나 멋지게 시즌을 시작해서 중간에 고전하다가 다시 팀원들이 합심해 상황을 역전시켰던 이 모든 경험은 나에게 정말로 큰 영향을 주었다. 우리가 특별한 팀이 되어 그렇게 성공할 수 있었던 것은 다 함께 협력하고, 도전 의식을 자극하고, 서로를 응원한 결과였다. 물론 훌륭한 선수들도 여럿 있었지만, 남다른 팀이 될 수 있었던 건 '팀워크' 덕분이었다. 우리는 다수가 학교에서 친구 사이이기도 했지만 개인적으로도 서로가 잘될 수 있게 적극적으로 도왔다. 서로 가진 모든 것을 쏟아붓기 위해(110퍼센트까지!) 나 자신과 팀원들을 기꺼이 한계치까지 밀어붙일 뜻이 있었다.

그렇다. 고작 어린이 야구 리그에 불과했고 나는 겨우 열한 살이었다. 팀의 역학 관계와 팀원 간의 관계, 팀원들이 서로 하나가 되는 방식이 집단의 궁극적 성공에 영향을 미치는 일은 살면서 여러 번 경험했지만 그 첫 경험이 바로 이때였다.

뛰어난 사람은 많은데 팀 성과는 도통 신통치 않았던 팀의 일원이나 리더가 되어본 적 있는가? 대부분 그런 경험이 있다. 거꾸로, 순전히 재능만 봤을 때는 대단한 능력자들이 많은 것도 아닌데 무언가 팀원 간의 호흡이 좋아서 정말로 뛰어난 성과를 냈던 팀에 속해본 적이 있는가? 이런 경험 역시 대부분 갖고 있을 것이다. 어린 시절 어린이 야구 리그를 경험한 다음부터 나는 늘 이 현상에 매료되었다.

나는 그 후로도 야구를 계속했고 고등학교를 졸업할 때 뉴욕 양키스의 지명을 받았다. 그러나 당시 양키스와 계약하지는 않았다. 스탠퍼드대학교에서 야구를 계속할 수 있는 기회를 얻었기 때문이다. 메이저리그에서 뛰는 게 어릴 적 꿈이었는데도 대학에 진학했던 이유는 양질의 교육을 받을 수 있을 뿐 아니라 당시 스탠퍼드의 대학 야구팀이 대단한 성공을 거두고 있었기 때문이다. 결국 나는 1995년 스탠퍼드를 졸업하면서 캔자스시티 로열스와 계약했다.

로열스나 양키스 혹은 자이언츠, 컵스 등 북미권의 메이저리그 팀과 계약을 하게 되면 처음에는 마이너리그에서 뛴다. 마이너리

그는 6단계로 나눠져 있고, 그 단계들을 차례로 모두 거쳐야 마침내 메이저리그에 입성한다. 안타깝게도 나는 마이너리그 3년차에 팔꿈치 인대가 찢어지는 부상을 당했다. 이후 3년간 두 번의 수술을 받았고, 어쩔 수 없이 야구를 그만두어야 했다.

야구선수로서의 인생이 끝났을 때 세상을 다 빼앗긴 기분이었다. 야구를 사랑했던 만큼 좌절도 컸다. 하지만 팀원 간의 역학 관계가 성공에 미치는 영향에 대한 관심은 계속해서 더 커졌다. 내가 속했던 팀들 중에는 정말로 재능 있는 선수들이 포진되어 있었음에도 팀 성적은 시원치 않았던 경우들이 있었다. 나는 이해가 되지 않았다. 스포츠에서는 훌륭한 선수를 보유했다면 팀(성적)도 훌륭해야 하는 것 아닌가? 하지만 아닌 경우들이 있었다. 반면에 내가 속했던 어떤 팀들은 재능은 고만고만한 선수들로 구성되었지만 팀으로서는 환상적인 플레이를 펼쳤다. 그래서 종종 우리는 더 좋은 선수들을 보유한 팀들을 이겼고, 그때마다 나는 이해가 가지 않으면서도 너무나 신기했다.

어떻게 이게 가능한 거지? 당시 나는 온전히 확신하지 못했지만 사실 팀원끼리 그런 얘기를 나눈 적이 있었다. 우리는 그걸 '팀 케미team chemistry'라고 불렀다. 그게 뭔지 정확히 말할 수 있는 사람은 아무도 없었다. 하지만 팀 케미가 있을 때는 우리 스스로 알 수 있었다. 반면 팀 케미가 없을 때는 '분명히' 알 수 있었다.

팀 케미는 단순히 따뜻한 분위기라든가 어렴풋이 감으로 아는 그런 게 아니었다. 팀 케미는 실제로 경기력에 큰 차이를 만들었다. 팀 케미가 좋은 팀은 그렇지 않은 팀보다 훨씬 더 경기를 잘했다. 내 개인으로 보더라도 팀 케미가 좋으면 언제나 더 쉽게 개인 목표도 달성할 수 있었다.

90년대 말, 그렇게 야구 인생이 끝나고 고향인 샌프란시스코 베이에어리어에 돌아온 나는 한 기술 기업에 취업했다. 비즈니스의 세계는 스포츠계와는 아주 다를 거라고 생각했고, 실제로도 그랬다. 하지만 첫 직장에서 온라인 광고 세일즈 업무를 해보니, 팀 케미라는 게 비단 스포츠에만 해당되는 현상이 아니라는 걸 알게 됐다.

팀 케미란 인간 집단에서 사람들이 함께 일하는 방식이다. 비즈니스에서는 이를 '조직문화'라고 부른다. 조직문화는 팀원들을 서로 뭉치게 하거나 밀어내게 만드는 무형적 요인들과 관계의 질 그리고 해당 집단에 대한 구성원들의 집합적 인식으로 이루어진다. 다시 말해 이 팀에 속한 나를 어떻게 느끼고, 팀원들과 어떤 관계를 맺고, 팀이라는 집단을 어떻게 느끼며, 다 함께 무슨 일을 하는가의 문제다. 당신도 살면서 혹은 직장에서 조직문화가 팀이나 사업의 성패에 엄청난 영향을 미치는 것을 경험해봤을 것이다. 이와 관련해 내가 아주 좋아하는 명언이 있다. 고인이 된 리더십의 구루 피터 드러커가 남긴 말이다. "전략은 조직문화의 아침 식사거리 정도밖에 되지 않는다.Culture eats strategy for breakfast"

90년대 말 인터넷 기업 두 곳에서 일했던 나는 2000년에 닷컴 버블이 꺼지면서 결국 해고되었다. 하지만 그때쯤 이미 팀 문화의 역학 관계와 영향력에 대한 궁금증이 너무 커져 있었고, 결국 나는 직접 컨설팅 회사를 차려보기로 결심했다. 내 모든 노력과 관심을 이 주제에 온전히 집중해볼 작정이었다. 어떻게 하면 구성원과 리더, 팀, 조직이 진정으로 성공하는 긍정적 환경을 조성할 수 있는지 알아내고 싶었다. 왜 다른 집단이 고전하는 동안에도 어느 집단은 번창하는가? 구성원들의 재능이나 능력이 아니라 어떠한 무형적 요소가 중요한 것 같았다.

지난 20년간 내가 연구한 내용이 바로 이것이다. 나는 미국 전역과 전 세계를 돌아다니며 이에 대해 강연을 했고 온갖 유형의 개인, 집단, 기업과 협업했다. 영광스럽게도 구글이나 웰스파고Wells Fargo, 마이크로소프트, 찰스 슈왑Charles Schwab, 이베이, 제넨테크Genentech, 갭GAP, NBA, 오클랜드 애슬레틱스 등 많은 기업과 함께 일할 기회가 있었다. 나는 이들이 조직문화를 개선하고 팀 성과를 높일 수 있게 도왔다. 잘 알려진 대형 브랜드 외에도 중소기업, 정부 기관, 교육 기관, 비영리단체, 지방 교육청 등과 협업했다. 팀이나 조직마다 고유한 문제점과 목표, 역학 관계가 있지만 팀이 서로 합심하고 신뢰하며 최고의 성과를 내게 해주는 공통된 요소도 몇 가지 있었다.

딜로이트Deloitte에서 발행한 〈2016 글로벌 인적 자본 트렌드2016 Global Human Capital Trends〉 보고서에 따르면 "조직 내에서 실제 업무가 수행되는 방식을 결정하는 행동 및 신념, 가치의 체계보다 사업 성공에 더 크게 이바지하는 요소는 거의 없다."고 한다. 그리고 이 설문 응답자의 82퍼센트가 "조직문화는 경쟁 우위 요소"라고 믿었다. 이 외에도 다양한 분야에서 성공한 수많은 집단과 협업하면서 나는 팀이 번창하는 데 필요한 요소들에 관해 많은 것을 배울 수 있었다. 핵심은 언제나 교감하고, 서로 발을 맞추고, '우리가 모두 한 배를 타고 있다'는 사실을 아는 조직문화를 만들 수 있느냐 하는 점이었다.

지금 당장 하지 않으면 안 된다

바로 지금 이 시점에 이 책을 꼭 써야 한다고 느낀 이유는 두 가지였다. 첫째, 나의 전작 《영혼 없이 출근하지 마라》의 마지막 다섯 번째 원칙이 '1등 팀을 만들어라'였는데 여기서 팀 성과 문제를 다루기는 했지만 어쩐지 이 주제는 더 깊이 파고들어야 할 것 같았다. 홀륭한 팀워크에 필수적인 요소들을 구체적으로 설명하고, 성공적인 조직문화를 만드는 데 필요한 실전 단계들을 알려주고 싶었다.

크고 작은 팀이나 조직, 여러 업종에 속하는 기업들과 협업을 하면서 보니 지금은 그 어느 때보다 튼튼한 조직문화를 형성하는 게 어려우면서도 중요해졌다. 오늘날 비즈니스 환경은 믿기지 않을 만큼 빠르게 변하고 있다. 같은 회사여도 부서별로 혹은 지역별로 나뉘어 근무지가 다른 경우도 많으며, 직원들의 구성도 글로벌하게 다양해졌기 때문이다.

둘째, 마틴 루터 킹은 "지금 당장 하지 않으면 안 된다."라고 자주 이야기했다. 문화적 관점에서 봤을 때 지금 우리는 놀랍고도 치열한 시대를 살고 있다. 지난 수십 년간 전 세계에서 일어난 많은 일은 우리를 문화적으로, 정치적으로, 사상적으로 더 심하게 갈라놓았다.

이걸 완전히 새로운 현상이라고 할 수는 없겠지만 나에게는 무언가 다르게 느껴지는, 상당히 거슬리는 요소가 있다. 뉴스에서, 소셜 미디어 피드에서 그런 모습을 매일 같이 본다. 그리고 이는 우리가 소통하고, 교류하고, 함께 일하는 방식에 막대한 영향을 끼친다. 이 책도, 내가 하는 일도, 그 자체로는 정치나 사회에 관한 것은 아니다. 그러나 우리가 서로 교류하는 방식, 의견이 일치하지 않는 중요한 이슈에 관해 논의하고 토론하는 방식, 서로 공통점을 찾아보려고 노력하는 방식은 (특히나 서로의 신념과 배경이 다르다면) 건강한 팀 환경을 만들어서 다 같이 뛰어난 결과를 도출할 수 있느냐를 결정지을 만큼 중요한 문제다.

아울러 중요한 여러 사회 운동이 부상하면서 지금의 정치적, 문화적 분위기를 살펴보면 (직장에서나 사회 일반적으로나) 인종이나 젠더, 불평등, 특권 등과 같은 이슈에 대한 인식이 매우 높아진 상황이다. 아무리 불편하고, 어렵다고 하더라도 더 이상 이런 문제를 손 놓고 있을 수만은 없게 되었다. 팀이나 직장에서 이들 이슈를 어떻게 생각하고 다루느냐 하는 부분은 조직과 사회가 전체적으로 성공하기 위한 '근본'이다.

다양성과 포용은 사회적으로만 중요한 것이 아니라 사업의 실적과도 직결된다. 2017년 보스턴컨설팅그룹Boston Consulting Group에 따르면 경영진이 다양성을 가진 사람들로 구성된 회사는 매출이 19퍼센트 더 높다고 한다. 또한 2018년 맥킨지McKinsey&Co에서 실시한 조사에 따르면 직원들이 다양한 인종 및 민족으로 구성된 기업은 업계 표준보다 33퍼센트 더 높은 성과를 낸다고 한다.

첫 번째 팀

대부분의 사람에게 첫 번째 팀은 가족이다. 가족은 태어나면서부터 함께한 사람들이고, 세상을 어떻게 바라보고 세상과 어떻게 교류해야 하는지 알려주는 존재다. 어린 시절 가정환경이 얼마나 건강했고 가족의 규모는 얼마나 컸고 또 전체적인 가족관계가 어땠는가는 성장하는 동안 큰 영향을 끼친다.

많은 사람이 그렇듯 내가 살아온 가정환경도 복잡한 사정이 있었고 쉽지만은 않았다. 이는 내가 상호작용하는 방식, 특히 집단 내에서 혹은 팀에서 교류하는 방식에 영향을 미쳤다. 대부분의 사람이 나와 같을 것이다.

나는 1974년 캘리포니아주 오클랜드에서 태어났다. 부모님은 동부 출신이었다. 아버지는 유대인으로 코네티컷주 하트포드에서 자랐고, 어머니는 아일랜드계 가톨릭 신자로 로드아일랜드주 웨스털리의 작은 마을에서 성장했다. 두 분은 1960년대 말 샌프란시스코에서 만나 결혼했고, 오클랜드로 옮겨서 누나 로리를 낳고 4년 후 나를 낳았다.

부모님은 내가 세 살 때 갈라섰다. 아버지가 양극성 장애가 있었기 때문에 어머니는 사실상 혼자서 누나와 나를 키웠다. 내가 일곱 살이 됐을 때 라디오 관련 일을 하던 아버지가 실직을 했고 이후 몇 년간 아버지의 삶은 악순환의 고리에 빠져들었다. 아버지는 정신병원과 우리 가족의 삶을 들락거리며 경제적으로도, 정서적 혹은 실질적으로도 전혀 도움이 되지 못했다.

아버지 없이 자란다는 건 나에게 슬프고 혼란스럽고 아픈 일이었다. 나이가 들면서 아버지의 정신병을 좀 더 제대로 이해하게 됐고 안타까움도 느꼈지만 어릴 때는 도무지 이해가 가지 않았다. 내가 아는 거라곤 아버지가 집에 잘 안 계신다는 것과 일을 할 수 없다는 것 그리고 뭔가 이상한 병이 있어서 슬퍼했다가 화를 내기도 했는데 대부분의 시간에는 무기력하셨다는 사실이다. 어머니는 나름 최선을 다했지만 혼자서 우리 남매를 키우느라 여러모로 애를 먹었다.

나는, 특히나 어머니와 누나에게서, 사랑과 응원을 받고 있다고 느꼈다. 하지만 힘들고 슬픈 일도 많았다. 아버지 때문에 그리고 돈이 없어서(상대적으로 열악했던 우리 집과 자동차 등에서 표가 났다) 수치스럽고 창피한 일들도 있었다. 양가 친척들이 모두 멀리 살아서 우리는 고립되어 있었고, 이런 어려움을 스스로 해결하는 수밖에 없었다. 많은 가정, 특히나 이혼 가정들이 그렇지만 양가의 친척들 사이에는 해결되지 못한 원망과 무언의 기대가 있어 서로 간에 연락도, 이해도, 지원도 거의 없었다.

핵가족인 우리집은 말하자면 더 큰 팀(친척)으로부터 고립된 아주 작은 팀으로, 가진 것도 없고 심각한 문제도 몇 가지 있었다. 상황이 그런데도 나는 여전히 꽤나 행복한 꼬마였다. 하지만 더 깊은 교감을 갈망했고, 더 큰 무언가의 일부가 되고 싶었다. 더 많은 사람, 번창하는 공동체, 더 건강한 환경의 일원이 되고 싶었다. 내가 스포츠나 기타 그룹 활동에 전념하게 된 것은 그런 탓도 있다. 야구나 농구를 하고 학생회나 보이스카웃, 학교 신문과 졸업 앨범 제작을 비롯한 각종 클럽 활동을 하고 있으면 나보다 더 큰 무언가의 일원이 된 기분이 들어서 좋았다. 이렇게 다양한 집단과 팀에는 사람도 더 많고, 동원할 수 있는 자원도 더 많았으며 다른 가족, 다른 배경의 사람들과 교감하면서 무언가를 해낼 수 있는 기회가 있었다.

우리는 각자의 첫 번째 팀, 즉 가족으로부터 많은 것을 배운다. 내 가족이 처한 상황이 아무리 좋든 나쁘든 간에 가족은 우리가 세상을 볼 때 쓰는 첫 번째 렌즈다. 남들과 함께 일하는 것을 어떻게 바라볼지 그 기본 틀을 마련해주는 것도 가족이다.

나는 믿기지 않을 만큼 다양한 사람들이 모여 사는 오클랜드라는 도시에서 성장했다. 스탠퍼드대학교를 다녔고 18년간 운동선수로 뛰었으며 두 곳의 기술 기업에서 일했다. 그리고 지금은 20년이 넘게 온갖 분야의 비즈니스 팀들과 협업하고 있다.

어린 시절 우리 가족의 상황과 이 모든 경험을 통해서 나는 팀워크에 관해 간단하면서도 심오한 진리들을 깨치게 됐다. 우리는 누구나 유일무이한 존재다. 특히 오늘날 세상에서는 이 점을 최대한 이해하려고 노력하는 게 중요하다. 그리고 역설적이게도 이와 동시에 우리는 서로 다르기보다는 비슷한 면이 훨씬 더 많다.

훌륭한 팀은 팀원 모두의 재능과 시각, 능력, 개성을 적극적으로 활용할 줄 안다. 서로가 다르다고 해도, 아니, 특히나 다를 때는 더욱더 말이다. 그런데 이게 말처럼 쉽지 않을 때가 많다. 팀워크는 매우 중요하지만 믿기지 않을 만큼 어려운 과제가 되기도 한다.

팀워크가 쉽지 않은 다섯 가지 이유

대부분의 사람은 팀워크를 좋은 가치라고 생각하며 건강하고 생산적인 협업을 바란다. 하지만 (어린 시절 각자의 가정환경에서 비롯되어 지금까지 이어진 문제점들 외에) 팀을 이뤄서 일하는 것을 어렵게 만드는 몇 가지 핵심 요인이 있다. 세일즈포스에서 실시한 조사에 따르면 임직원의 86퍼센트는 직장 내 가장 큰 문제의 원인으로 '협업의 부족' 또는 '비효과적인 소통'을 꼽았다.

생산적인 팀 환경을 조성하는 데 어려움을 주는 5대 요인은 다음과 같다.

1. 팀으로 일하는 훈련을 받지 못했다 대부분은 어릴 때 크게 도움이 되거나 건강한 종류의 팀워크 훈련을 받지 못했다. 많은 사람이 크고 작은 고통과 문제점으로 점철된 어려운 가정환경에서 자랐다. 아주 건강한 가정환경에, 팀 스포츠를 했거나 다른 팀 활동을 해봤다고 해도 일하는 방법을 배우는 곳은 일차적으로 학교다. 그런데 학교에서는 팀워크를 뭐라고 불렀을까?

'커닝!'

우리는 자기 일은 스스로 하라는 얘기를 들었고, 시험이나 과제, 프로젝트 등을 얼마나 잘했는지 개인별로 점수를 받았다. 학교에서 그룹 단위의 프로젝트를 하는 경우는 드물고, 종종 있다고 해도 썩 좋은 경험은 아니다. 왜냐하면 팀원 모두에게 상황을 끊임없이 공유하면서 각자가 자기 몫을 다하게끔 만드는 일은 쉽지 않기 때문이다.

많은 사람이 그렇게 오랫동안 팀워크를 '저해하는' 교육을 받고 난 뒤, 갑자기 비즈니스의 세계에 들어와 팀워크를 하라는 소리를 듣는다. 다른 조직보다 팀워크에 더 적극적인 조직도 일부

있긴 하지만 여전히 대부분의 평가와 보상, 승진은 '개인' 단위로 이뤄진다. 그러니 남들과 협력해서 일하고 싶은 동기나 인센티브가 약한 경우가 많다.

2. '우리 대 저들'이라는 함정에 빠진다 정치, 종교, 문화, 인종 등 오늘날 '우리 대 저들'의 함정에 빠진 사례는 너무나 많다. 이런 것들은 여러 이유로 공공연하게 많은 사람을 화나게 하는 경우가 많지만, 때로는 은근해서 더 간사한 경우들도 있다. 특히 같은 조직 내에서라면 말이다. 이는 내가 기업들과 일을 하면서 매일 같이 보는 현상이다. 개발팀 대 영업팀, 인사팀 대 법무팀, 샌프란시스코 지부 대 뉴욕 지부 하는 식으로 편을 가른다. 스스로 편을 나누고, 부정적 경쟁을 하고, 자신의 자리를 방어한다. 때로는 리더가 혹은 조직의 구조나 사고방식 자체가 이런 분열을 거의 조장하다시피 하는 경우도 있다. 회사의 운영 방식, 임금 지급 방식, 공로 인정 구조, 소통 방식, 기대치 등을 통해서 말이다.

인간적 차원에서 보면 이는 긴밀한 특정 집단에 속하고 싶은 우리의 강한 욕구 때문에 생기는 경우가 많다. 어딘가에 소속되고 싶은 마음이 너무나 간절한 나머지, 자신을 내 직책, 내 직위, 내 부서, 내 지역 혹은 기타 회사의 하위 단위와 동일시하는 우를 범한다. 다시 말해 크게 보면 우리가 다 같은 팀이라는 사실을 잊어버린다.

3. 형식과 제도에 지나치게 초점을 맞춘다 오래전, 성과 극대화 전문가 토니 로빈스Tony Robbins의 강연을 들은 적이 있다. 그의 강연은 내 사고방식에 큰 영향을 미쳤다. 토니는 거의 모든 환경에서 "성과의 80퍼센트는 심리(마음가짐, 신념, 정서)가 원인이고, 오직 20퍼센트만이 결과 달성에 필요한 구체적 단계, 즉 기계적인 부분"이라고 했다. 스포츠와 비즈니스에서의 경험과 성과, 성공에 대한 조사를 통해 나는 이 말이 개인에게도, 팀에게도 모두 진실이라는 것을 발견했다. 문제는 우리가 시간과 에너지, 관심을 온통 기계적인 부분에 집중시키는 바람에 종종 심리를 해결해야 한다는 사실을 잊어버린다는 점이다. 이 때문에 우리는 종종 성공할 수 있는 일도 성공하지 못한다.

팀의 관점에서 나는 기계적인 부분을 '수면 위(일하는 내용과 방식)', 심리는 '수면 아래(생각하고 느끼는 방식이나 시각, 집단의 전체적 사기와 조직문화)'라고 표현한다. 팀 성공의 80퍼센트 이상을 결정하는 것은 수면 아래에 있는 것들이므로 기계적인 것들에 대한 집착을 줄이고 심리와 같은 무형적인 것들에 더 많은 관심을 기울여야 한다. 서로에게 얼마나 마음을 열고, 얼마나 신뢰하고 인정하며, 집단 전체가 어떤 태도를 갖고 있느냐 하는 것들이 바로 수면 아래에 있는 중요한 요소다. 팀으로서 이런 심리적인 부분에 초점을 맞춘다면 진짜 성공을 쟁취하는 데 도움이 될 것이다.

4. 시공간적으로 떨어져 있는 경우가 많다 오늘날 직원들은 전 세계에 걸쳐 있고 기술 발전 덕분에 언제 어디서든 일할 수 있게 됐다. 그러면서 생긴 중요한 영향은 우리가 시공간으로 분리되어 일하는 경우가 많아졌다는 점이다. 내가 함께 일했던 많은 기업이 미국 전역과 세계 곳곳에 지부를 두고 있었다. 근사한 일이기도 하지만 이는 회사 운영 측면에서도, 인간관계에 있어서도, 조직문화적으로도 많은 어려움을 야기한다. 직원 수가 많지 않거나 모든 인력이 한곳에서 일하는 중소기업의 경우에도 재택근무를 할 수도 있고 지방이나 해외에 있는 사람들과 비즈니스를 하는 경우도 많다.

전화를 걸거나 미팅을 하는 시간대, 소통 플랫폼 등과 같은 기본적인 사항과 업무 스타일도 어려움을 만들어낼 수 있다. 언어나 문화적 차이 때문에 효과적으로 교감하거나 협업하기가 어려울 수도 있다. 인간관계나 소통에는 비언어적이고 정서적인 측면이 많은데 같이 한곳에 앉아서 서로의 눈을 보고 보디랭귀지를 읽고 함께 시간을 보내지 못한다면 그런 것들을 놓치게 된다.

5. 나 자신에게 초점을 맞춘다 누구나 소속감을 원하고 서로를 존중하지만 한번 솔직하게 말해보자. 대부분의 사람은, 특히나 직장에 있을 때, 나에게 어떤 영향이 미칠지부터 따진다. 그게 꼭 이기적이라는 의미는 아니다. 그저 혹시 나에게 불리한 일이 생기

지 않을까 잘 살핀다는 뜻이다.

글로벌 경제의 특성이나 지난 20년간 고용 시장의 불안정성, 또 오늘날 사람들이 커리어에 접근하는 방식을 고려하면 직장에서 자신에게만 초점을 맞출 만한 이유는 충분하다. 하지만 그러다 보면 주위 사람들에게 일어나는 일에 대해서는 점점 더 무관심해지게 된다. 팀의 성공에는 그다지 많은 관심을 쏟지 않을 뿐 아니라, 때로는 (의식적 혹은 무의식적으로) 팀이나 남들에게 신경 쓰다가 오히려 내 커리어에 부정적 영향이 생기는 것은 아닌가 걱정하게 된다. 이는 흔한 일이고 충분히 이해도 가지만, 궁극적으로는 타인과의 팀워크, 협업, 파트너십을 어렵게 만든다.

아이러니하게도 주위 사람의 성공에 손톱만큼도 관심이 없다고 하더라도 사실 훌륭한 팀원이 되는 것은 우리 자신에게 가장 좋은 일이다. 왜일까? 팀이 잘 나가면 거의 항상 팀원들에게도 개인적 혜택이 돌아가기 때문이다. 팀이 고전하면 대부분 개인에게도 부정적 영향을 끼친다.

일을 하며 자신의 기량을 제대로 펼치고, 몰입하고, 목표를 달성하고, 의미와 만족을 얻기 위해서는 다른 사람들과의 협업이 필수적이다. 그러나 우리 내면에 있는 여러 요인(자존심, 개인적 야망, 두려움 등)과 팀이나 조직에 있는 여러 요인(부정적 경쟁, 영역주의, 희소성 등)은 자기 자신에게 먼저 초점을 맞추라고 채찍질하기 때문에 팀워크가 쉽지 않을 것이다. 이런 모순을 타개하기 위해서는 주인의식과 연민을 가지고 난관을 제대로 인식하고, 그 해결을 위해 최선을 다해야 한다.

팀워크는 나에게나 동료들에게나 많은 성장 기회를 제공한다. 건강한 협업은 이점이 너무나 크기 때문에 많은 어려움이 있다고 해도 그걸 넘어서겠다는 인식과 용기가 필요하다. 그래야만 우리가 진정으로 원하는 유형의 조직문화를 만들 수 있다. 팀의 성공뿐 아니라 구성원 개개인의 성공까지 응원하는 그런 조직문화 말이다.

개인적인 것, 조직적인 것, 문화적인 것 등 무엇이 되었든 당신의 앞길을 가로막는 그 장벽을 깨부숴서 팀원들이 서로 더 깊은 유대감을 느끼고, 서로를 신뢰하고, 최고의 성과를 낼 수 있도록 돕는 게 이 책의 목적이다. 이 책이 기폭제가 되어 당신의 팀이 지금 있는 바로 그곳에서 진정으로 원하는 곳까지 갈 수 있기를 바란다. 그리고 더 깊이 들어가보면 사실 '저들'은 없다는 것을, 오직 '우리'뿐이라는 사실을 당신이나 주위 사람 모두 다시 한번 깨달을 수 있길 바란다.

이 책의 내용

이 책은 당신이 더욱더 성공적이고 효과적으로 일하기 위해서 업무를 할 때나 팀원들을 이끌 때 활용할 수 있는 구체적 조언과 아이디어, 툴, 테크닉을 담고 있다. 특히 팀 단위로 일하는 사람들을 염두에 두고 쓴 책이기 때문에 같이 일하는 사람들과 함께 읽는다면 서로를 신뢰하고 소속감을 느끼는 팀 문화를 만드는 데 도움이 될 것이다. 또한 이를 통해 당신이 꿈꾸는 최고의 팀에 도달할 수 있을 것이다.

이 책의 일화들은 내가 살면서 개인적으로 겪은 일들 혹은 일을 하면서 직접 경험한 것들이다. 또 내가 진행하는 팟캐스트에서 인터뷰한 인물들, 컨설팅 업무를 하며 함께 작업했던 기업들이 들려준 이야기도 있다. 그리고 이들 주제에 관한 최신 데이터와 연구 결과도 담았고, 다양한 전문가와 고객 등으로부터 알게 된 아이디어, 테크닉, 우수 사례도 함께 실었다.

이 책은 총 네 개의 장으로 구성되어 있다.

제1장. 심리적 안전을 확보하라 심리적 안전psychological safety이란 팀 내에서 모험적인 시도를 해도 안전하다는 믿음을 서로 공유하고

있는 상태를 가리킨다. 심리적 안전이 확보된 팀의 구성원들을 보면 내가 소신 발언을 하거나 모험적인 시도를 하더라도 팀원들이 나에게 창피를 주거나 나를 거부하거나 응징하지 않을 거라는 확신이 있다. 이런 팀의 분위기를 보면 구성원들이 서로를 신뢰하고 상호 존중한다는 특징이 있다. 팀원들은 자신의 이미지나 지위, 커리어 등에 부정적 영향이 생길 것을 걱정하지 않고 자기다운 모습을 편안하게 표출할 수 있다. 다시 말해 심리적 안전이란 '집단 차원의 신뢰'다.

하버드 비즈니스 스쿨Harvard Business School의 에이미 에드먼슨Amy Edmondson 교수는 심리적 안전에 관해 20년 이상 광범위한 연구를 진행하고 관련 저술을 내놓았다. 그녀는 "조직이 단순히 재능 있는 인재를 채용하는 것만으로는 충분치 않다."고 말한다. "개별 인재의 재능 혹은 팀 전체의 집합적 재능이 충분히 발휘되기를 바란다면 리더는 반드시 심리적으로 안전한 분위기를 조성해야 한다. 그래야 직원들이 마음 놓고 아이디어를 내고, 정보를 공유하고, 실수를 보고할 수 있다."

2017년 갤럽 조사에 따르면 '회사는 내 의견을 중시한다'는 항목에 '매우 그렇다'라고 답한 직원은 열 명 중 세 명뿐이었다. 갤럽은 "이 숫자를 여섯 명으로 바꿀 수 있으면 이직률이 27퍼센트 감소하고, 안전사고가 40퍼센트 줄어들며, 생산성이 12퍼센트 늘어난다."고 계산했다.

제2장. 포용과 소속감에 초점을 맞춰라 팀으로서 최고의 성과를 낼 수 있는, 심리적으로 안전한 환경을 만들려면 포용inclusion과 소속감이 반드시 필요하다. 포용이 이윤을 늘리고, 몰입도를 높이며, 사업 성과를 개선한다는 연구 결과는 수없이 많다.

한 예로 140개 미국 기업을 상대로 액센추어Accenture와 미국장애인협회American Association of People with Disabilities and Disability가 공동 조사한 바에 따르면 장애가 있는 직원들에게 가장 포용적인 업무 환경을 제공한 기업들은 2015년과 2018년 사이에 매출이 동종업계 평균보다 28퍼센트 높았고, 이익률은 30퍼센트가 높았으며, 순이익은 두 배에 달했다.

포용이란 '출신 민족, 젠더, 나이, 출신 국가, 장애, 성적性的 지향, 교육, 종교의 차이를 인정하고 존중하는 것'이다. 또한 '사업 성공을 극대화하기 위해 모든 구성원의 아이디어와 지식, 시각, 접근법, 스타일을 적극적으로 동원하는 것'이기도 하다. 그리고 다양성과 포용에 초점을 맞추는 것도 중요하지만 궁극적인 목표는 팀이나 회사에서 모든 구성원이 자신이 어떤 사람이든, 직책이 무엇이든, 배경이 어떻든 관계없이 '소속감'을 느낄 수 있는 환경을 조성하는 것이다.

제3장. 어려운 대화를 적극 환영하라 훌륭한 팀은 의견 충돌과 피

드백을 적극 환영한다. 이들은 의견 충돌과 피드백이 성장과 협업, 성공의 자연스러운 일면이며 중요한 측면이라고 생각한다. 이 말은 곧 일할 때 어색하고, 불편하고, 어려운 대화를 기꺼이 서로 나누어야 한다는 얘기다. 문제는 의견 충돌과 피드백이라는 게 쉬운 일은 아니어서 대부분의 팀이 이에 별로 능하지 못하다는 점이다. 하지만 팀원들이 서로 건강하고 생산적인 의견 충돌이 잘 일어날 수 있는 환경을 조성한다면 더 깊이 교감하고, 어려움을 효과적으로 헤쳐나갈 수 있다. 또한 모든 구성원의 능력이 향상되는 방식으로 서로에게 피드백을 줄 수 있을 뿐 아니라 혁신을 일으켜 팀 전체가 번창할 수 있다.

MBTI^{Myers-Briggs Type Indicator}의 주관사인 CPP에서 실시한 조사에 따르면 미국에서 기업들이 직장 내 갈등 때문에 치르는 비용이 연간 3억 5,000만 달러(약 4,700억 원)를 넘는다고 한다. 심지어 이 수치는 갈등을 해결하기 위해 쓰는 시간만을 반영한 것이다. 개인에게 미치는 정서적, 심리적, 신체적 비용까지 포함한다면 훨씬 큰 숫자가 될 것이다.

내가 진행하는 팟캐스트에서 인터뷰한 적도 있는《사상자 없는 충돌^{Conflict without Casualties}》의 저자 네이트 레지어^{Nate Regier}는 이렇게 말한다. "충돌의 목적은 파괴가 아니라 창조다."

제4장. 서로를 돌보며 도전 의식을 자극하라 그동안 내가 경험한

바에 따르면 높은 성과를 내는 팀은 중요한 두 가지 사항을 이해하며 균형을 맞추는 팀이다. 바로 '서로를 아끼는 것'과 '상호 간 도전 의식을 자극하는 것'이다. 팀 전체 및 모든 구성원이 최고의 성과를 내기 위해서는 이 두 가지가 모두 필요하고, 각각에 똑같이 초점을 맞추어야 한다. 팀이 번창하기 위해서는 모든 구성원이 좋은 의도를 가지고 있고, 서로의 뒤를 지켜주고, 같은 방향으로 함께 나아가고 있다는 깊은 신뢰가 반드시 필요하다.

2017년 《하버드 비즈니스 리뷰Harvard Business Review》에 발표한 글에서 신경경제학자 폴 잭Paul Zak은 이렇게 썼다. "동료들 간에 신뢰 수준이 낮은 기업에 비해 신뢰 수준이 높은 기업의 직원들은 스트레스를 74퍼센트 덜 받고, 생산성이 50퍼센트 높으며, 몰입도가 76퍼센트 더 높은 것으로 보고된다."

다시 말해 단단한 신뢰의 문화를 조성하고, 팀원들이 나를 아끼고 응원해준다는 것을 알 수 있는 환경을 만들면 몰입도와 성과가 훨씬 더 높아진다.

위 네 가지 원칙들이 각각 어떤 내용이고, 달성하기가 왜 어려운가는 이 책의 각 장에서 차근차근 설명할 것이다. 그리고 당신이 업무를 하고, 팀원들을 리드하고, 팀 문화를 조성할 때 어떻게 하면 이 원칙들을 성공적으로 구현할 수 있을지 알아볼 것이다.

당신이 이 여정에 동참해주어 영광스럽고 설렌다. 부디 당신의 팀에 유용하고, 깨침이 있고, 힘을 주는 책이 되기를 바란다.

자, 이제 시작하자!

제1장

심리적 안전을
확보하라

NBA 농구팀 중에 샌프란시스코를 연고지로 하는 골든 스테이트 워리어스Golden State Warriors가 있다. 워리어스는 2015년 환상적인 한 시즌을 보내고 40년 만에 다시 NBA 챔피언이 되었다. 평생을 워리어스 팬으로 살아온 나에게는 아주 짜릿한 일이었다. 워리어스는 저 40년의 상당 시간을 NBA 꼴찌팀 중 하나로 보냈기 때문이다.

2015년 챔피언이 될 때까지 겪은 수많은 우여곡절 중에 NBA 파이널에서의 결정적인 순간이 있다. 이 순간은 팀 내에서 심리적 안전이 얼마나 중요한가를 전형적으로 보여주었고, 그게 바로 제1장에서 다루는 내용의 거의 전부라고 해도 과언이 아니다. 심리적 안전은 신뢰와 소속감이 있고 높은 성과를 내는 팀 문화의 바탕이다.

직전 2년간 워리어스는 좋은 경기를 펼쳤고 플레이오프까지 진출했지만 플레이오프 1, 2라운드에서 각각 고배를 마셨다. 2015년에 새로 부임한 스티브 커Steve Kerr 감독의 지휘 아래 팀원들은 플레이오프 3라운드까지 모두 무사히 마치고 마침내 NBA 파이널에 진출했다. 이때 워리어스의 상대는 르브론 제임스LeBron James가 버티고 있는 클리블랜드 캐벌리어스Cleveland Cavaliers였다. 르브론은 리그 최고의 선수였을 뿐 아니라 통산 여섯 번째이자 5년 연속으로 NBA 파이널을 치르고 있었다. 반면 워리어스의 주전 선수 중에는 단 한 번이라도 파이널 진출을 경험해본 선수가 전무했다.

환한 조명 아래서 펼쳐진 처음 몇 경기 동안 워리어스 선수들은 버거운 상대를 만난 듯 다소 덜커덕거렸다. 클리블랜드에서 열린 제3경기를 지면서 시리즈 전적이 2대 1로 밀렸다. 캐벌리어스는 승기를 잡았고, 워리어스의 경기 템포를 늘어지게 만들어 한층 유리한 고지를 점령한 듯했다.

당시 스티브 커 감독의 스태프 중에 스물여덟 살의 닉 유렌Nick U'Ren 특별 코치가 있었다. 그는 제4경기에 앞서 제3경기 영상을 낱낱이 분석하며 어마어마한 양의 조사를 했다. 워리어스 선수들이 과연 무엇을 어떻게 해야 시리즈 전세를 뒤집을 수 있을까? 고민 끝에 닉 유렌 코치는 선발선수 라인업을 크게 바꾸자고 제안했다. 신장 2미터 13센티미터인 워리어스의 센터 앤드루 보거트Andrew Bogut를 빼고, 그보다 훨씬 작은 2미터 3센티미터의 스윙

맨(여러 포지션을 소화할 수 있는 선수) 안드레 이귀달라^Andre Iguodala 를 투입하자고 했다.

이귀달라는 선수 생활 대부분을 훌륭한 선발선수로 활약했지만 워리어스로 와서는 시즌 내내 교체선수 신세였다. 그를 선발로 넣는다는 말은 역시나 신장이 2미터 3센티미터에 불과한 워리어스의 포워드 드레이먼드 그린^Draymond Green을 센터로 보낸다는 뜻이었다. 드레이먼드가 코트 위의 리더로서 목소리도 크고 대단히 열정적이긴 했지만 키가 작은 그를 센터에 세운다는 것은 드레이먼드에게도 큰 부담이었고 당시의 워리어스에게는 일종의 모험이었다.

제4경기 초반, 클리블랜드는 7대 0으로 경기를 훌쩍 앞서나갔다. 하지만 스티브 커 감독이 보기에 키 작은 선수들로 구성된 이 선발 라인업은 워리어스의 슈터들에게 필요한 공간을 창출해주었고 게임의 템포도 점차 빨라지고 있었다. 이는 워리어스에게 유리한 방향이었다. 스티브 커 감독은 키 작은 라인업을 그대로 고수했고, 워리어스는 그날 밤 103대 82라는 인상적인 스코어로 제4경기를 승리로 장식하며 시리즈 전적을 무승부로 돌려놓았다. 그리고 워리어스는 그다음 두 경기를 모두 이겼다. 클리블랜드는 워리어스의 바뀐 전략에 맞서보려고 미친 듯이 애썼으나 역부족이었다.

워리어스는 그렇게 역사적인 챔피언이 되었다(이후 아마도 스포츠 역사상 가장 멋진 5년 역사 중 하나를 써내려갔다. 이 기간 동안 워리어스는 5년 연속 파이널에 진출했고, 두 번 더 챔피언이 되었다). 너무나 멋진 경기력을 보여주었던 안드레 이궈달라는 시리즈 초반 세번의 경기에 선발 출전하지 않았음에도 불구하고 2015년 NBA 파이널 시리즈의 MVP로 선정됐다.

워리어스가 2015년 NBA 챔피언이 되고, 이후로도 믿기지 않는 성공을 이어갈 수 있었던 데는 여러 요인이 있다. 재능이나 행운, 작전 수행, 노력, 타이밍, 헌신, 믿기지 않는 팀 케미까지 모두 다 환상적이었다.

그리고 스티브 커 감독이 조성해놓은 환경도 중요한 역할을 했다. 그는 코칭 스태프 및 선수들과 함께 모든 구성원이 기꺼이 목소리를 내고, 아이디어를 제안하고, 심지어 NBA 파이널이 한창 진행 중인 도중에 선발 라인업을 바꾸자는 대담한 제안도 할 수 있는 환경을 조성해놓았다.

닉 유렌은 코칭 스태프 중에서도 비교적 신참에 속했다. 그런데도 그는 아이디어를 제안할 기회를 부여받았고, 그 아이디어가 파이널 시리즈의 흐름을 바꿔놓았다. 닉 유렌은 직책이 낮았음에도 모험적인 시도를 책임자에게 제안할 수 있을 만큼 심리적으로 충분히 안전하다고 느꼈다. 그리고 팀은 그의 아이디어를 경청했을 뿐 아니라 그대로 실행했고, 이는 시리즈의 결과에 막대한 영향을 끼쳤다.

제4경기가 끝나고 나서 스티브 커 감독은 만약 라인업 변경이 기대한 효과를 내지 못했다면 리더로서 자신이 모든 책임을 졌을 것이라고 말했다. 그러나 실제로 라인업 변경이 대성공을 거두자 스티브 커 감독은 유렌을 칭송하며 그날의 승리는 아이디어를 내놓은 유렌 덕분이라고 공개적으로 공을 돌렸다. 그리고 그런 변화를 적극적으로 수용하고 성실히 수행해준 선수들에게도 고마움을 표했다.

워리어스의 코칭 스태프와 선수들은 소신 발언을 해도 될 만큼 팀 내에 심리적 안전이 보장된다는 걸 알고 있었다. 그들은 새로운 것에 도전하고, 모험적인 시도를 하고, 자기 자신을 있는 그대로 표현하고, 심지어 실패해도 된다는 걸 알고 있었다. 그게 팀의 성장과 발전, 성공을 위하는 길이기 때문이다. 리더와 팀원들이 용기를 내어 이런 분위기를 조성한다면 다 함께 어마어마한 결과를 만들어낼 수 있다.

심리적 안전이란 무엇인가

심리적 안전이라는 개념을 보편화시킨 사람은 하버드 비즈니스 스쿨의 에이미 에드먼슨 교수다. 그녀의 연구에 따르면 심리적 안전이란 팀 내에서는 모험적인 시도를 해도 안전하다는 믿음을 서로 공유한 상태를 뜻한다.

심리적 안전이 확보된 팀의 구성원들은 자신이 소신 발언을 하거나 반대 의견을 내거나 실수를 저지르거나 간 큰 짓을 하거나 심지어 실패를 하더라도 괜찮을 것을 안다. 리더나 다른 팀원들이 창피를 주거나 자신을 거부하거나 응징하지 않을 거라는 걸 알고 있는 것이다. 이런 팀은 팀원들이 서로 신뢰하고 상호 존중할 수 있는 분위기를 의도적으로 조성한다. 구성원들은 자신의 이미지나 지위, 커리어 등을 걱정하지 않고 편안하게 자기 모습을 있는 그대로 보여줄 수 있다.

그러나 심리적 안전은 신뢰와는 조금 다르다. 심리적 안전이 집단에 대한 믿음에 초점을 맞춘 것이라면, 신뢰는 특정 개인에 대한 믿음에 초점이 있다. 나아가 심리적 안전은 다른 팀원들에게 내 모습(생각, 말, 행동)이 어떻게 비칠까에 대한 나의 생각이고, 신뢰는 내가 타인을 어떻게 보느냐 혹은 타인이 나를 어떻게 본다고 생각하느냐의 문제다. 다시 말해 신뢰는 일대일 현상이고, 심리적 안전은 집단 현상이다. 심리적 안전에 관한 이야기는 곧 집단의 신뢰에 관한 이야기다.

또한 심리적 안전은 인간의 타고난 욕구인 소속감의 기초이다. 제2장에서 자세히 살펴보겠지만 소속감은 팀워크와 협업, 훌륭한 성과를 만들어내는 핵심 구성 요소다.

몇 년 전, 구글에서 지속적으로 높은 성과를 내는 팀들의 핵심 요인이 무엇인지 알아보려고 심층 연구 프로젝트를 진행한 적이 있다. 이른바 '아리스토텔레스 프로젝트Project Aristotle'다. 이를 위해 구글은 사내 180개 팀의 데이터를 수집해 검토했고 조직심리학과 팀 유효성 부문의 주요 연구 결과들을 들여다보았다. 그렇게 조사한 내용을 분석한 결과, 몇 가지 핵심적인 내용이 발견되었다.

첫째, 팀원이 '누구'인가 하는 점은 생각만큼 중요하지 않았다. 그보다 팀원들이 '어떻게' 서로 상호작용하고 체계적으로 일하고 본인의 기여에 관해 생각하는지가 더욱 중요했다.

둘째, 성공하는 팀을 구별 짓는 다섯 가지 핵심 특징이 있었다.

1. **심리적 안전** 팀 내에서 불안해하거나 창피해하는 일 없이 모험적인 시도를 할 수 있는가?

2. **신뢰성**dependability 팀원들이 정해진 시기까지 업무를 제대로 끝낼 거라고 서로 신뢰할 수 있는가?

3. **체계와 명확성** 팀의 목표, 역할, 실행 계획이 분명한가?

4. **일의 의미** 지금 하는 일이 팀원 개개인에게도 중요한가?

5. **일의 영향력** 지금 하는 일이 근본적으로 중요한 일이라고 생각하는가?

셋째, 아리스토텔레스 프로젝트에 따르면 다섯 가지 요소 중에서 월등히 중요한 것은 심리적 안전이었다. 심리적 안전이 다른 네 가지 요소를 지탱하고 있다고 해도 과언이 아니었다.

이 같은 연구 결과가 발표됐을 즈음 나는 구글의 인력개발 담당 부사장 캐런 메이Karen May와 대화를 나눌 수 있었다. 그녀는 이렇게 말했다. "팀의 성공에 심리적 안전이 중요하다는 사실은 놀랍지 않았습니다. 우리가 놀랐던 부분은 그게 '얼마나' 중요한가 하는 부분입니다."

팀원들이 모험적인 시도를 할 수 있다는 것은 겉으로는 간단해 보일지 몰라도 실제로는 많은 용기가 필요한 일이다. 보통은 혹독한 응징이 없을 거라는 사실을 이미 알고 있거나 그렇게 해도 집단에서 쫓겨나지 않는다는 걸 알고 있을 때에만 기꺼이 모험적인 시도를 할 수 있다.

사람들은 대부분 결과가 잘못되었을 때 다른 사람들이 자신의 능력이나 됨됨이, 지능을 의심할 수도 있는 일에는 어지간하면 연루되려고 하지 않는다. 직장에서는 이렇게 스스로를 보호하는 게 자연스러운 본능이다. 그러나 이런 태도는 효과적인 팀워크에는 방해가 되는 경우가 많다. 팀원들 곁에서 내가 안전하다고 느낄수록 모험적인 일을 시도하고, 실수를 인정하고, 남들과 협업하고, 새로운 역할을 맡거나 도전을 할 수 있다.

구글의 연구 결과는 심리적 안전의 정도에 따라 각 개인의 성과나 일에 대한 접근법이 달라진다는 사실을 보여주었다. 심리적 안전이 확실히 보장되어 있는 팀에서 일하는 사람들은 이직을 덜 하고, 팀원들로부터 다양한 아이디어를 제공받아서 활용하고, 더 많은 매출을 일으키며 경영진으로부터 성과가 좋은 사람이라는 평가를 받을 가능성이 두 배는 더 높았다.

나는 오랫동안 여러 팀과 리더들을 코칭하면서 심리적 안전의 중요성을 가까이서 목격했다. 팀원들이 있는 그대로 자기다운 모습을 표출할 수 있고, 자신의 목소리를 내고, 실수를 해도 되고, 심지어 실패할 수 있도록 명시적, 묵시적인 기준이나 관행, 관례를 만드는 팀은 팀으로서 성공할 확률이 높았다.

몇 년 전에 어느 금융 회사의 최고 경영진 팀을 컨설팅한 적이 있었다. 조직은 아주 똑똑하고 재능 있는 리더들로 구성되었다.

그러나 회사에는 그동안 여러 변화가 있었고 경영진은 기대만큼 성과를 내지 못하고 있었다.

최고 경영진 팀의 팀원들 중에는 그 회사에 꽤 오랫동안 재직한 사람들도 있고, 보다 최근에 이사진에 합류한 사람들도 있었다. 경영진은 회사의 실적을 호전시키려고 열심히 노력하고 있었으나 상당한 어려움을 겪고 있었다. 팀원들은 사이가 아주 좋았지만 결과가 나오지 않는 것에 좌절하고 있었다. 많은 압박을 느끼는 듯했고, 회사가 옳은 방향으로 가려면 어떻게 해야 할지 견해차가 상당히 컸다. 그리고 오래된 경영진과 새 멤버들로 무리가 살짝 나뉘는 분위기도 있었다.

이들 중 갓 CEO로 부임한 크리스는 (말로는) 당면한 몇 가지 핵심 이슈에 대해 경영진이 허심탄회하고 솔직하게 토론을 하면 좋겠다고 했다. 하지만 팀원들 사이에 의견 충돌이 생기자 아주 불편해 했다. 사람들이 본인에게 문제 제기를 했을 때는 심지어 상당히 방어적이 되었다. 크리스는 부진한 실적에 크게 좌절한 상태였고 그 얘기를 아주 많이 했다. 성과가 좋지 않은 사람의 이름을 거명하며 지적은 물론 목표를 달성하지 못한다고 불평했다. 그러니 사람들은 자연히 안절부절못하며 건강한 논쟁을 벌이려 하지 않았다. 점점 생산적인 방식으로 진정한 대화를 나누기가 어려웠다.

첫 대면 그룹세션에 앞서 나는 전화로 각 구성원과 교감하는 시간을 가졌다. 개별적으로 전화 통화를 나누면서 각자가 생각하는 회사의 주된 문제점과 팀원들의 관계에 대해 의견을 듣고 입장을 확인했다. 그런데 막상 처음으로 한 방에 모이자 이들의 대화는 전화 통화에서 나눴던 것과는 아주 다르다는 걸 한눈에 알 수 있었다. 경영진은 소신 발언을 하거나 상황을 진정성 있게 다뤄도 될 만큼 그 안에서 안전하다고 느끼는 것 같지 않았다.

이후로 몇 달 동안 내가 경영진과 개별적으로 대화를 나눠보면 그들은 가감 없이 서로에 대한 실망감을 나에게 이야기했고, 본인이 느끼는 두려움, 회사가 겪는 어려움 등을 기꺼이 인정했다. 그러나 팀으로서 다 함께 그런 얘기를 나누거나 서로에게 직접적으로 이야기하는 상황은 매우 어려워했다. 경영진은 젠체하고, 줄을 서고, 크리스가 듣고 싶어 할 만한 말을 하는 경우가 많았다. 자신에게 손해가 되지 않을 말, 웃음거리로 전락할 일이 없는 말, 실패할 일이 없는 말, 다시 말해 자기 자신을 지켜줄 발언만 했다. 상당한 시간과 노력 그리고 구성원들의 많은 용기가 필요했지만 결국 함께 노력하면서 이들은 서로에게 솔직해지기 시작했다. 그리고 좀 더 직접적으로 문제에 접근할 수 있었다.

크리스는 건강한 토론을 적극적으로 받아들이려고 했고, 팀원들은 이전 같으면 나에게만 했던 이야기를 이제는 다 함께 있을 때도 나누기 시작했다. 그러면서 이들은 심리적 안전을 키울 수 있었고, 좀 더 솔직하게 소통하고 협업할 수 있었다. 이들은 하나의 경영진 팀으로서 발을 맞추며 회사가 당면한 여러 문제들을 함께 헤치고 나갔다. 가끔 골치 아픈 상황도 생겼지만 크리스를 비롯해 경영진 전체가 확고한 의지를 갖고 적극적으로 참여한 결과, 조금씩 결실을 볼 수 있었다.

세상의 모든 재능과 능력을 끌어와도 심리적 안전을 대체할 수는 없다. 집중적인 노력이 필요하고 확보도, 유지도 어렵지만 팀의 성공을 위해서는 심리적 안전이 너무나 중요하다.

심리적 안전을 확보하기가 쉽지 않은 이유

팀이나 조직 내에 심리적 안전을 확보하기 위해서는 이를 어렵게 만드는 몇 가지 구체적인 이슈와 역학 관계를 잘 이해해야 한다. 그동안 내가 목격한 심리적 안전을 효과적으로 확보하는 데 방해가 되는 요소들을 소개하면 아래와 같다.

- **평가, 비난, 응징, 따돌림에 대한 두려움** 평가를 당하거나 비난을

받는 것은 괴로운 일이다. 누구나 살면서 이런 일을 많이 겪어 보았을 것이다. 결코 기분 좋은 일일 수 없고, 마음의 문을 굳게 닫는 계기가 되기도 한다. 일하는 방식이 다르거나 실수를 저질렀을 때 비난을 가하는 팀의 일원이 된다면 가급적 앞으로 나서지 않고 스스로를 보호할 가능성이 크다. 할 말을 했다는 이유로 응징을 받거나 따돌림을 당하는 것을 구체적으로 목격하고 나면 늘 조심하고 몸을 사리는 경우가 많다.

컨설팅 업무를 하면서 보면 리더가 늘 자기 생각만 옳고 핵심적인 아이디어나 의사결정은 본인이 내려야 한다고 여기거나 팀원들이 매번 서로를 평가질하고 비난하는 팀은 모든 구성원이 극도로 불안한 상태가 된다. 구성원들이 자신을 방어하는 데 너무 많은 시간과 에너지를 써야 한다면, 제대로 된 협업은 일어날 수 없으며 함께 뛰어난 결과를 만들어낼 수도 없다.

• **부정적 경쟁** 살면서, 특히 직장에서 경쟁이 일어나는 것은 당연하다. 그러나 경쟁에는 긍정적인 것이 있고, 부정적인 것이 있다. 긍정적 경쟁이란 관련된 사람 모두에게 최선의 결과를 가져오는 방식으로 경쟁하는 것이다. 부정적 경쟁이란 무슨 수를 써서든 혼자 이기겠다는 식으로 경쟁하는 것이다. 부정적 경쟁은 주위 사람들이 안되기를 바라고, 나 자신에게만 초점을 맞추며, 내가 앞서나가기 위해 적극적으로 상대의 발목을 잡는다. 팀원들

이 부정적인 방식으로 경쟁하고 있으면 모험적인 시도를 하거나 도움을 청하거나 자신의 실수를 인정하는 게 안전하게 느껴지지 않는다. 왜냐하면 조금만 빈틈을 보여도 팀원들이 득달같이 달려들어 물고 뜯을 것 같기 때문이다.

야구를 하면서 내가 속했던 팀 중에는 팀원들이 서로 잘못되기를 적극적으로 바라는 경우도 있었다. 그런 경우에는 개인도, 팀도 모두 성공하기가 매우 힘들었다. 부정적 경쟁을 깊이 파고 들어보면 그 바닥에는 무언가가 희소하거나 두려운 경우가 많다. 모든 사람에게 제 몫이 돌아가지 않을 거라는 인식이 있어 늘 신경이 곤두서 있다. 이런 환경에서는 주위 사람들을 신뢰하기가 어렵고, 팀 안에서도 안전하다는 느낌이 쉽게 들지 않는다. 내가 무언가 작은 실수 하나만 해도 다른 팀원들이 덤벼들어 본인들에게 유리하게 써먹을 거라는 걸 알기 때문이다.

• **자존심과 고집** 종종 자존심이 우리 앞길을 막는다. 남에게 근사하게 보이고 싶고, 똑똑하게 들리고 싶고, 옳은 일을 하고 싶고, 문제를 해결하고 싶으며, 결과를 내고 싶다. 이런 것들은 모두 그 자체로는 별 문제가 없다. 하지만 우리가 실수를 저지르거나 도움이 필요하거나 남들과 다른 의견을 갖고 있을 때는 자존심이나 고집이 방해가 될 수 있다. 우리는 자주 자존심 때문에 도움을 청하지 못한다. (말을 하든 안 하든) 고집스럽게 내 입장만을 고수하

고 다른 시각으로 보기를 거부한다.

몇 년 전 내가 배심원 의무를 이행해야 했을 때 상당히 흥미로운 경험을 했다. 재판 기간은 겨우 며칠에 불과했지만, 나는 배심장으로 임명됐다. 배심장은 심의가 원활히 진행되어 평결에 이르게 돕는 임무를 맡는다. 첫 번째 토론에서 우리는 돌아가며 이 사건에 대한 입장을 한번 이야기해보기로 했다. 나는 안내받은 대로 우리가 앞으로 여러 차례 토론을 가질 것이고 이건 그중 첫 번째 토론에 불과하다고 모두에게 알려주었다. 그런데 배심원단에 속한 한 남자가 이렇게 말했다. "무죄예요. 절대로! 여기 있는 사람 중 누가 무슨 말을 해도 내 마음은 바뀌지 않아요."

솔직하고 분명하게 말해준 것은 고마웠지만 남자가 너무나 강경하고 완고하게 말하는 바람에 방 안에 있는 사람 모두가 실은 언짢았다. 이틀에 걸쳐 우리는 결국 11대 1의 불일치 배심(배심원단이 의견 불일치로 평결을 내지 못하는 것 - 옮긴이)으로 끝나고 말았다. 그 남자 한 명만 빼고 나머지 배심원단은 모두 피고가 유죄라고 생각했다. 물론 그 남자는 얼마든지 반대의 결론을 내려도 될 권리가 있지만 그의 자존심과 고집 때문에 당시의 경험 자체가 상당히 불편했다.

• 리더의 본보기 부재 만약 조직의 리더가 적극적으로 나서서 심리적 안전을 확보하지 않는다면 골치 아픈 상황이 될 수 있다. 때

로는 상사나 리더의 위치에 있는 사람들이 말로만 그럴싸하게 이야기하고 행동으로 보여주지 않는다. 다시 말해 말로는 '모험적인 시도를 해야 한다', '자기 목소리를 내라', '실수를 인정하는 게 중요하다'라고 하면서 실제로 본인은 그렇게 행동하지 않는다. 때로는 다른 사람이 그런 행동을 했을 때 아주 부정적인 반응을 보이기도 한다. 그렇게 되면 누구나 솔직하게 말하거나 도전적으로 일하는 게 안전하게 느껴질 수 없다.

크리스 같은 고위직 리더가 본인의 두려움 혹은 실수를 인정할 마음이 없거나, 잘못한 사람을 호되게 질책한다면 팀원과 조직 전체에 그런 행동은 안전하지 않다는 메시지를 명확히 전달하게 된다. 조직의 고위직 리더는 구성원들이 어떻게 행동해야 하고 무엇이 수용되는 행동인지 분위기를 결정짓는 경우가 많다.

• **완벽주의에 대한 요구** 종종 완벽주의를 예찬하는 경우도 있지만 완벽주의는 상당히 위험할 수 있다. 심리학자 로버트 홀든 Robert Holden 박사는 이렇게 말한다. "살면서 한 번도 행복한 완벽주의자를 본 적이 없다." 스스로 혹은 타인이나 팀원들에게 '완벽'을 기준으로 내세운다면 우리는 '늘' 부족할 수밖에 없다. 물론 건강하게 높은 기준을 세우는 일은 우리의 성공과 팀의 성과에 믿기지 않을 만큼 중요하다. 하지만 완벽은 현실적으로 불가능한 일인데도 완벽만을 기대한다면 구성원들이 모험적인 시도

를 하거나 실수를 저지르기는 매우 어려울 것이다.

내가 진행하는 팟캐스트 인터뷰에서 에이미 에드먼슨 교수는 이렇게 말했다. "완벽하면 좋겠죠. 하지만 그런 건 없어요." 그리고 이렇게 말을 이었다. "만약 리더가 이 점을 인정하지 못하면 구성원들은 리더의 기대치가 당연히 '완벽'일 거라고 가정하게 됩니다. 완벽에 미치지 못하는 것은 무엇이든 리더를 화나게 할 거라고, 해당 팀원은 어떤 식으로든 응징을 받을 거라고 생각하게 돼요."

• **가면 증후군** 구글에서 '가면 증후군imposter syndrome'을 검색하면 다음과 같은 정의가 나온다. '본인이 성공할 만한 사람이라는 사실 혹은 본인의 성공이 자신의 노력이나 능력의 정당한 결과라는 사실을 좀처럼 믿지 못하는 심리 상태.'

나도 평생 직접 겪어보았고 도처에서 늘 목격하는 현상이다. 특히 고위직 리더나 크게 성공한 사람들에게서 많이 볼 수 있다. 자기 자신에 대해 의구심을 갖는 것은 지극히 자연스러운 일이다. 특히 책임이나 기회가 늘어난 사람이라면 말이다. 가면 증후군은 주위 사람들을 위해서 무언가를 보여줘야 하거나 자신의 위치를 정당화해야만 할 것 같은 기분이 들게 한다. 리더 또는 팀원이 가면 증후군을 앓고 있다면 진정한 심리적 안전은 존재할 수 없다. 자신을 남한테 증명하느라 바쁠 테고 실수를 인정하거나 진심을 말하거나 실패할 수도 있는 모험적인 시도를 할 만큼 편안한 기분은 결코 느끼지 못할 것이다.

내가 처음으로 가면 증후군에 관해 제대로 알게 된 것은 스탠퍼드대학교 신입생 때였다. 캠퍼스에 들어선 첫날 벌써 나는 깨달았다. 나 말고도 거기 있는 사람 모두가 스탠퍼드 재학생이라는 사실 말이다. 나는 더 이상 특별한 사람처럼 느껴지지 않았고 즉각 스스로를 의심하기 시작했다. '내가 과연 여기 있을 만한 실력이 되나?' 내가 만난 사람들은 모두 나보다 훨씬 더 똑똑하고 재능 있는 사람 같았다.

이런 기분이 들면 우리는 자신이 그곳에 속할 자격이 있음을 증명하기 위해 '과잉보상'을 하게 된다. 또한 가면 증후군을 앓고 있으면 비참하게 실패하거나 창피를 당하는 일을 피하기 위해 속으로 움츠러들 수도 있다. 주위의 환경 자체가 혹은 많은 사람이 불안해하거나 과잉보상을 하고 있다면 심리적으로 안전하다고 느끼기는 더욱더 힘들 수밖에 없다.

• **사내 정치** 심리적 안전 상태를 들여다보면 종종 작용하고 있는 문제가 바로 팀이나 회사 내부에서의 사내 정치다. 보통은 주변 상황이 정치적일수록 덜 안전하다고 느낀다.

내가 팀이나 기업과 작업을 해보면 내부 정치가 횡행하는 곳에서는 흔히들 이런 말을 한다. "여기서는 그런 얘기를 하면 안 돼요.", "여기서는 게임을 할 줄 알아야 해요." 사내 정치가 판치는 환경에서는 어떻게 행동해야 하는지에 관한 암묵적 규칙이 많고 비공식 소통 채널도 많아서 심리적 안전을 확보하기가 어렵다.

• **인종, 젠더, 나이, 성향** 이 주제에 대해서는 뒤에서 훨씬 더 깊이 있고 자세히 다룰 것이다. 다만 인종, 젠더, 나이, 성향은 주위 환경의 심리적 안전 수준을 결정하는 데 중요한 역할을 한다. 이런 주제들은 허심탄회하고 생산적인 방식으로 논의하기가 쉽지 않다.

충분히 이해가 가는 일이지만 이런 주제는 흔히 감정적이거나 예민해지곤 한다. 때로는 이들 이슈를 직접적으로 다루는 것을 회피하는 경향이 있다. 하지만 그렇게 되면 상황은 오히려 더 힘들어진다. 이 이슈는 한 개인이 팀을 어떻게 느끼느냐 그리고 특정 발언이나 행동이 팀 내에서 어떻게 받아들여지느냐에 큰 영향을 줄 수 있다. 예를 들어 똑같은 발언이라도 여성이 말했을 때와 남성이 말했을 때 전혀 다르게 받아들여질 수도 있다.

• **직장 내 역할** 직책이나 직위, 직무 등도 집단의 심리적 안전 내지는 특정 개인의 팀에 대한 느낌에 영향을 줄 수 있다. 어떤 발언, 질문, 피드백, 제안, 시인是認 등은 누가 하느냐에 따라 매우 다르게 받아들여진다. 다시 말해 똑같은 말이라고 해도 CEO가 했다면 인턴 사원이나 중간급 관리자가 말한 것과는 다르게 받아

들여질 수밖에 없다.

지금까지 언급한 모든 것이 팀이나 조직에서 심리적 안전을 확보하거나 경험하기 어렵게 만드는 요인이다. 하지만 이런 게 변명이 될 수는 없다. 이는 그저 우리가 인정해야 할 삶의 현실, 내지는 비즈니스의 현실일 뿐이다.

팀 내에 심리적 안전을 확보하고 유지하는 것은 성공에 반드시 필요한 기초적인 사항이지만 상당히 어렵기도 하다. 그러나 베스트셀러 작가 글레넌 도일^{Glennon Doyle}이 자주 일깨워주듯이 "우리는 어려운 일도 분명 해낼 수 있다".

진정성은 필수다

당신의 팀이 최고의 성과를 내려면 반드시 진정성을 갖고 일해야 한다. 리더와 팀원, 조직 구성원 모두가 이를 다짐한다면 심리적 안전은 기하급수적으로 늘어난다. 심리적 안전은 팀워크와 팀 성과의 기초다. 그렇기 때문에 제1장에서 심리적 안전을 다루는 것이다. 진정성은 바로 그 심리적 안전의 기초라고 할 수 있다.

진정성에 관해서는 이전에 낸 책들에서 폭넓게 다룬 바 있다. 여기서는 진정성의 몇 가지 핵심 원칙을 짚어보며 심리적 안전과는 어떻게 직접적으로 연결되는지 살펴보자.

오랫동안 연구를 해보니, 진정성은 고정되거나 정해진 개념이 아니었다. 그것은 스펙트럼의 형태로 존재한다. 내가 '진정성 스펙트럼'이라고 부르는 것에는 세 가지 주된 양상이 있다. 가식, 솔직함, 진정성이 그것이다.

가식 ———— 솔직함 ———— 진정성

가식

가식적인 사람 옆에 있는 게 어떤 기분인지는 다들 알 것이다. 우리는 보통 가식을 좋아하지 않고 성격상의 특정 결함이라고 생각한다. 당연하게도 우리는 가식적인 사람을 믿지 않고, 그의 진정성이나 진실성에 의문을 품는다. 그리고 대부분은 믿었던 사람에게 속아본 경험이 있고, 이는 단단한 불신과 냉소주의의 원인이 될 수 있다.

하지만 정작 가식적인지 아닌지 생각해봐야 할 중요한 대상은 바로 '우리 자신'이다. 남의 가식을 지적하기는 쉬워도 내 안의 가식을 들여다보기는 쉽지 않다. 언제, 어디서, 누구와 있을 때,

어떤 상황에서 우리는 자신이 가식적임을 깨달을까? 악의는 없는 경우가 보통이다. 그리고 대부분 자신이 지금 가식적이라는 사실을 스스로도 인식하지 못하고 있거나, 아니면 그걸 합리화한다. 이는 비즈니스에서 우리가 어떤 아이디어를 설득해야 하거나 제품을 팔아야 할 때 혹은 내 의견이 잘못 받아들여질까 걱정될 때 자주 일어난다.

요점은 우리 내면에 이런 측면이 있다는 사실을 인정해야 한다는 것이다. 가식적으로 일한다고 해서 나쁜 사람이 되는 것도 아니고, 삶이나 일에서의 어쩔 수 없는 측면처럼 볼 수도 있다. 다만 내가 진정성이 없는 순간을 스스로 알아차릴 수 있다면 다른 선택도 가능하다.

진정성은 언제나 선택이다. 가끔은 쉽지 않은 선택이지만 말이다. 그런데도 우리는 가식적인 모습을 띨 때 그걸 애써 보지 않으려고 하거나 남 탓 혹은 환경 탓을 한다. 이런 태도는 나의 권능을 내다 버리는 일이고, 그렇게 되면 심리적으로 안전하기는 훨씬 더 어렵다.

종종 이렇게 말하는 사람들이 있다. "저희 과장님한테는 도저히 진정성 있게 대할 수가 없어요.", "이곳에서는 진정성을 가질 수가 없어요. 여기 사람들은 그런 식으로 일하지 않아요." 이런 얘기가 들린다면 보통은 직장의 심리적 안전 수준이 별로 높지 않다는 분명한 신호다.

그러면 나는 이렇게 답해준다. "진정성을 갖기가 어렵다는 건 알아요. 특히나 진정성 있게 말하고 행동하기에 어려운 사람이나 상황이 있을 수도 있죠. 직장에서는 일반적으로 그렇고요. 하지만 문제는 '할 수 없는' 게 아니라 '하고 싶지 않은' 거예요. 어쩌면 진정성을 갖지 않는 게 당장은 최선이라고 믿을지도 몰라요. 본인을 가장 잘 지킬 수 있는 선택이라고 말이죠. 그렇다면 그걸 선택이라고 인정하세요. 다만 모든 선택이 그렇듯이 선택에는 대가가 따를 겁니다."

가식은 심리적 안전이 부족해지는 '원인'이기도 하지만 종종 심리적 안전이 부족해서 생긴 '증상'이기도 하다. 안전한 느낌이 들지 않으면 가식적으로 행동하게 될 확률이 높아진다. 그리고 만약 내가 가식을 부리고 있으면 남들이 나를 혹은 팀을 진심으로 대하는 게 더 이상 안전하지 않게 된다. 말하자면 닭이 먼저냐 달걀이 먼저냐 같은 것이다. 나 자신의 가식을 알아보고 그 사실을 인정하라. 그러면 진정성에 대한 인식이 높아지고, 때로는 스펙트럼 위에서 진정성 쪽으로 좀 더 옮겨가야겠다는 동기가 부여될 수도 있다. 팀의 심리적 안전도 더 크게 확보될 수 있음은 물론이다.

솔직함

진정성 스펙트럼의 한가운데에는 솔직함이 있다. 흔히 '정직이 최선'이라고들 한다. 하지만 솔직했다가 역풍을 맞아본 적은 혹시 없는가? 누구나 한 번쯤 솔직했다가 주제넘은 말이 되거나 남들을 불쾌하게 만들거나 후회할 말을 해본 적이 있을 것이다. 이유야 다양하지만 어쩌면 모든 사람이 나의 솔직함을 좋아하지는 않는다는 것, 또 그게 옳다고 생각하지도 않는다는 것, 나의 솔직한 얘기에 별 관심이 없다는 것을 눈치챘을지도 모르겠다.

솔직함은 명쾌하고, 독려되고, 긍정적인 것인 양 보이지만 실상은 좀 더 복잡하다. 살면서 혹은 직장에서 누구나 솔직했던 덕분에 다른 사람과 신뢰와 교감이 쌓이고 집단의 심리적 안전이 커지는 걸 경험해 보았을 것이다. 하지만 솔직함이 정반대의 효과, 즉 신뢰와 교감, 심리적 안전을 줄이는 결과를 냈던 뼈아픈 경험도 다들 있을 것이다.

이런 경험을 토대로 우리는 대부분 살면서 특히 직장에서 진실을 요령껏 '포장하는' 법을 배운다. 결국 우리는 스스로에게 이렇게 말한다. '가식적인 사람이 되고 싶지는 않아. 솔직하고 싶어. 하지만 '적당히' 솔직해야지. 나쁜 사람처럼 보이지 않고, 골치 아픈 일에 엮이지 않고, 같이 일하는 사람들이 나를 존중하고, 칭찬하고, 신뢰할 수 있게 말이야.'

결국 우리는 실제로 진정성 스펙트럼의 왼쪽 편(가식)에서 많은 시간과 에너지를 쏟으며 사람이나 상황에 따라 과연 어느 정도 솔직해도 되는지 알아내려고 애를 쓴다. 대부분의 사람이 직장에서는 이런 방식으로 일하라고 배웠다. 사실 이건 정말 지치는 일이다. 우리가 어느 정도 솔직할 수 있느냐는 주변 환경이 심리적으로 얼마나 안전한가와 밀접한 관련이 있다. 더 안전하다고 느낄수록 우리는 더 쉽게 솔직할 수 있다. 팀 내의 분위기가 솔직할수록 보통은 심리적으로 더 안전하다고 느낀다.

하지만 우리가 솔직한 수준에서 멈추고 진정성까지 가는 수고를 하지 않는다면 솔직함이 심리적 안전을 질식시키는 일도 얼마든지 가능하다. 왜냐하면 잔인할 정도로 솔직하게 '지적'을 당하는 상황이 걱정될 경우 자신의 목소리를 내거나 실수를 저지르는 게 두려워질 수 있기 때문이다.

구성원과 팀이 진정한 자유와 힘을 가질 수 있는 것은 솔직함의 오른쪽 편(진정성)에 있을 때다. 물론 우리는 솔직해야 하고 솔직해지는 것만으로도 용기가 필요하다. 그러나 우리가 진정성(심리적 안전의 기초)을 갖기 위해서는 솔직함에서 하나를 빼고, 다른 하나를 더해야 한다. 우리가 버려야 할 것은 '독선'이고, 추가해야 할 것은 '약한 모습까지 보여주는 일'이다.

독선을 버려라

독선Self-righteousness을 온전히 이해하고 인정하기는 쉽지 않을 수 있다. 많은 사람이 꽤나 강한 의견을 갖고 있고, 기꺼이 남 앞에서도 이야기하려 한다. 의견이 있거나 열정적으로 표현하는 것 자체는 문제되지 않는다. 문제는 자신의 의견에 대한 독선적인 태도다. 독선적으로 한 가지 생각을 고집한다는 것은 겉으로 표현을 하든 안 하든 생각의 출발점이 '내가 옳다'이다. 만약 무언가에 관해서 내가 옳은데 당신이 나에게 동의하지 않는다면 당신은?

'틀렸다.'

흔히 여기서 문제가 시작된다. 독선은 나를 남과 갈라놓는다. 상대에게 직접적으로 '나는 네가 틀렸다고 생각해'라고 표현할 수 있을 만큼 솔직하거나 마음이 열린 관계 혹은 상황, 환경도 있을 수 있다. 상대의 면전에 대놓고 "형편없는 생각이야!"라고 말할 수 있을지도 모른다. 하지만 많은 경우에, 특히나 직장에서는 그럴 때 입을 다문다. 상대와의 관계에 신뢰가 부족하거나 집단 내에 심리적 안전이 부족하다면 말할 것도 없다. 우리는 아마 "의견 감사해요. 생각해볼게요."라고 말하고 그 자리를 뜰 것이다. 그런 다음, 나와 생각이 같은 사람을 찾아내서 이렇게 말할 것이다. "그런 걸 추진하자니, 말도 안 돼!" 그리고 계속해서 내 생각에 동의하는 사람들을 더 많이 찾아낼 것이다. 왜 우리가 옳고 '우리 식'으로 생각하지 않는 사람들은 틀렸는지 증거를 수집할 것이다.

나만 옳다는 생각은 우리 자신에게, 사람들과의 관계에 그리고 팀에 부정적인 영향을 끼친다. 주위 사람들에게 좋은 영향을 줄 수 있는 여지를 없애버리고 개별적 신뢰 관계나 팀의 심리적 안전을 근본적으로 손상시킨다.

독선을 알아채는 게 어려울 수도 있다. 왜냐하면 독선적인 태도를 취할 때 우리는 '지금 이건 독선이야'가 아니라 '내가 옳아'라고 생각하고 있기 때문이다. 자신의 독선을 알아채려면 상당한 자각이 필요하다. 독선을 놓아주거나 적어도 다른 시각에서 사물을 바라볼 수 있을 만큼의 의지와 성숙함이 갖춰져야 한다. 그리고 자신이 독선적으로 굴고 있다는 걸 스스로 알아채지 못할 때 그걸 지적해줄 수 있는 사람들이 주위에 있다면 큰 도움이 될 것이다.

나는 친구들, 가족들, 회사 팀원들처럼 내 독선을 기꺼이 지적해줄 사람들이 가까이 있다는 게 (대부분의 경우에는) 감사하다. 몇 년 전 아내 미셸과 두 딸 서맨사, 로지와 함께 차에 있을 때였다. 후진으로 집 주차장을 빠져나오고 있었는데 그날따라 내가 아내 차를 운전했다. 우리 집 주차장은 차 두 대가 아주 바싹 붙어 있기 때문에 후진할 때 조심하지 않으면 옆 차를 긁거나 반대쪽 사이드미러가 꺾인다.

그날 내가 후진을 해보니 아내 차가 약간 비스듬하게 세워져 있어서 차를 빼는 게 쉽지 않았다. 가끔 아내 차를 운전하기는 하지만 나는 반대쪽에서 내 차를 빼는 게 더 익숙했다. 계속해서 낑낑거리다가 나는 아내를 쳐다보며 이렇게 말했다. "여보, 당신이 차를 좀 이렇게 세워두면⋯." 나는 양손으로 손짓을 해보였다. "차를 빼기가 훨씬 더 쉬워." 그때 내 뒤편에 앉아 있던 로지가 말했다. "아빠, 엄마한테 '맨스플레이닝mansplaining'하지 말아요."

나는 깜짝 놀랐다. 당시 로지는 아홉 살이었기 때문에 우선 로지가 '맨스플레이닝'의 뜻(남자들이 거만하고 우쭐한 태도로, 보통은 여자가 이미 알고 있는 내용을 설명해주는 것을 말한다. 지금 내가 당신에게 이 단어를 설명하고 있는 상황과 비슷하다. 당신이 이미 이 단어를 알고 있다면 말이다)을 안다는 사실에 감명을 받았다. 로지가 대견했지만 나는 즉각 방어적인 태도가 되어 이렇게 말했다. "맨스플레이닝하고 있는 거 아니거든."

그런 다음, 옆에 앉은 아내와 뒷좌석의 서맨사와 로지를 쳐다보았다. 그러자 세 사람이 이구동성으로 말했다. "맞거든요!" 세 사람의 반응에 나는 움찔했다. 얼른 정신을 챙겨서 가족들이 나에게 하려는 말에 귀를 기울여 보았다. 그리고 겸연쩍게 웃으며 아내에게 말했다. "미안해, 여보."

어떻게 된 걸까? 나는 차를 빼는 게 불편했다. 뜻대로 잘 되지 않았고 내가 바라는 대로 차가 세워져 있지도 않았다. 나는 내 불편을 인정하는 대신에 우리집 주차장에 '제대로' 주차하는 법을 아내에게 알려줄 적기라고 제멋대로 판단했다. 아내가 "지적해줘서 고마워. 혹시 더 알려줄 건 없어?"라고 반응하지 않은 것은 물론이다. 당연하다. 왜일까? 내가 독선적이었기 때문이다.

나는 아내에게 내 의견이 듣고 싶은지 물어보지 않았다. '좋게' 그리고 '도움이 되는 방식으로' 말하긴 했지만 그 이면에서 내가 전하고 있던 메시지는 '내가 주차하는 방식이 옳고 아내가 주차하는 방식은 틀렸다'는 내용이었다. 다시 말해 나는 '내가 더 잘하고, 당신은 못해'라고 말하고 있었다. 당신도 틀림없이 이런 경우를 저지르거나 당해보지 않았을까?

독선과 확신의 차이

독선을 없애자는 게 자기 의견을 희석시키고, 의견을 내지 않고, 남에게 피드백을 자제하자는 말은 아니다. 본인의 생각을 강하게 믿고, 인생이나 일, 그 외 모든 것 앞에서 가치관이나 믿음을 고수하는 것은 중요하다.

　그러나 확신과 독선의 차이를 알아야 한다. 확신은 어떤 무언가가 사실이라고 믿는 것이다. 그에 관해 기꺼이 발언할 의향이 있으며, 내 입장을 방어하고, 건강한 대화나 토론에 참여할 뜻이 있는 것이다. 이는 모두 주위 사람과 튼튼한 신뢰 관계를 형성하는 데 중요하며 팀 안에서 건전한 논의와 토론을 갖는 데도 중요한 요소다. 그리고 이렇게 할 수 있다는 것 자체가 심리적 안전을 확보해두었을 때 누릴 수 있는 가장 중요한 혜택 중 하나다. 에이미 에드먼슨은 이렇게 말했다. "심리적 안전은 모든 사람이 늘 편안하게 느끼는 '안전지대'를 만들자거나 '상냥한 태도'를 취하자는 게 아닙니다. 모든 구성원이 최고의 실력을 발휘하도록 서로 의견을 이야기할 수 있을 만큼 충분한 신뢰와 존중, 용기를 갖는 것이죠."

　확신은 내가 틀렸을 수도 있다는 사실을 고려할 만큼의 겸손과 각성, 성숙함을 갖는 일이기도 하다. 논의 중이거나 토론 중인 내용이 뭐가 되었든 내 생각과 다르다고 해도 나와는 다른 시각이 존재할 수 있다는 가능성 정도는 고려할 수 있어야 한다.

　그런데 선을 넘어서 독선이 되면 내 말에 동의하지 않거나 나와 다른 시각을 가진 사람이 하는 말 그 무엇에도 관심을 갖지 않게 된다. 내가 '옳고', 나와 다르게 바라보는 사람은 모두 '틀렸다'

고 여긴다. 이는 논의의 문을 닫아버리고 '우리 대 저들'이라는 뚜렷한 대립 구도를 만들어낸다. 관련된 모든 사람, 팀 전체에 부정적 영향을 미칠 뿐 아니라 진정성이나 심리적 안전이 발붙일 수 없게 한다.

독선은 다른 생각, 다른 의견, 다른 믿음을 가진 사람들과 우리를 갈라놓는다. 직장에서 이런 일이 벌어지면 해결되지 않는 갈등과 단절이 만들어지고 팀이나 조직 내에 파벌이 생긴다. 사내 부서들 사이에 혹은 지부, 지역, 직급 사이에 뚜렷한 선이 그어진다. 그렇게 되면 심리적으로 안전하면서도 효과적인 방식으로 협업이나 업무를 진행하는 게 한층 더 어려워진다.

독선에 대한 인간의 자연스러운 반응은 '방어'다. 그렇기 때문에 독선적인 태도를 취하면서 상대에게 긍정적인 영향을 준다는 것은 거의 불가능하다. 주위 사람과 진심으로 공감하고 싶다면, 그리고 진정성, 신뢰, 협업, 특히 심리적 안전이 넘쳐나는 환경을 만들고 싶다면 기꺼이 나의 독선을 직시하고, 인정하고, 내다 버려야 한다. 확신은 건강하고 중요한 것이지만 독선은 해를 끼치고 파괴적이다.

약한 모습까지 보여줘라

약한 모습까지 보여주는 것은 인간관계나 신뢰, 진정성, 심리적 안전의 기초다. 그러나 많이들 오해하는 개념이기도 하다. 이 개념의 중요성에 비해 사람들은 나의 약한 모습을 남들에게 잘 보여주지 못한다.

브레네 브라운Brené Brown 박사는 휴스턴대학교의 저명한 연구 교수이자 베스트셀러 작가다. 그녀는 약한 모습을 드러내는 것을 비롯한 인간의 정서를 연구한다. 브라운 박사의 연구 결과는 기업 컨설팅이라는 내 일뿐 아니라 개인적으로도 나에게 큰 영향을 주었다. 브라운 박사는 약한 모습을 보이는 것을 '불확실성, 리스크, 정서적 노출'이라고 정의한다. 나는 이 정의가 간결해서 좋다. 지금까지 당신이 성취하거나 경험했던 일들 중에 불확실성, 리스크, 정서적 노출이 포함되지 않은 게 단 하나라도 있었는가? 일, 프로젝트, 인간관계, 목표, 팀⋯ 무엇이든 우리에게 중요한 일이라면 이 셋 중 하나둘 혹은 셋 전부가 반드시 요구되게 마련이다.

약한 모습까지 보여주는 것은 겁나고 불편한 일이다. 그러나 기꺼이 받아들이기로 노력한다면 주위 사람 혹은 팀에게 믿기지 않을 만큼 큰 도움이 될 수도 있다. 여기에는 몇 가지 중요한 이유가 있다.

첫째, 약한 모습까지 보여주는 것은 인간 신뢰와 교감의 기초다. 팀 내에서 진짜 심리적 안전을 확보하려면 서로 신뢰하고 교감하고, 이런 필수적인 것들을 촉진하는 문화를 만들어야 한다. 둘째, 약한 모습까지 드러내는 것은 창의성과 혁신, 변화, 리스크, 무엇이든 새롭고 남다른 일을 하는 데 필수적이다. 심리적 안전의 핵심은 사람들이 창피나 조롱을 당하거나 집단 밖으로 쫓겨날 걱정을 하지 않고 새로운 것을 시도할 수 있는 팀 환경을 조성하는 것이다. 따라서 리더나 팀원들은 일을 하면서 기꺼이 자신의 약한 모습까지 보여줄 수 있어야 한다.

약한 모습을 보여주기 위해서는 용기가 필요하다. 하지만 안타깝게도 우리는 약한 모습을 보이는 것은 피해야 한다고 생각하는 경우가 너무나 많다. 특정한 환경, 인간관계, 상황(특히 직장이나 팀 내)에서는 더욱더 말이다. 그러나 약한 모습을 보여주는 것은 모든 걸 '완벽하게' 하려는(실수를 저질러서는 안 되고, 단점을 보여서도 안 되며, 인간적이어서는 안 된다는) 채워질 수 없는 잘못된 집착으로부터 우리를 해방시켜준다. 나의 약한 모습까지 기꺼이 보여줄 수 있으면 스스로를 압박하는 완벽 욕구로부터 벗어날 수 있다. 약한 모습을 보여주는 것은 우리를 해방시켜줄 뿐 아니라 남들에게도 나처럼 약한 모습을 보여도 된다는 허락의 의미가 된다. 서로 용기를 내어 진정한 인간적 교감을 나눌 수 있는 가능성을 열어준다.

브레네 브라운 박사는 이렇게 말한다. "약한 모습을 드러내지 않으면서 용기를 낼 방법은 없습니다. 약한 모습을 보이는 것을 조금도 용납하지 않는 직장 문화가 형성되면 마음을 연 대화는 일체 일어나지 않습니다. 그러면 결국 상대와 이야기를 '주고받는' 게 아니라 상대에 '관해서' 이야기하는 걸로 끝나게 됩니다."

누군가 약한 모습을 보였을 때 인간의 자연스러운 반응은 '공감'이다. 그리고 공감이 있으면 주위 사람들과 더 깊은 신뢰와 이해를 만들어낼 수 있다. 약한 모습까지 보여주는 것, 공감, 신뢰, 인정, 이해는 심리적으로 안전한 팀을 만드는 데 반드시 필요하다.

진정성에는 공식이 있다

진정성에 관한 내 연구의 핵심 개념인 진정성 스펙트럼은 가식에서 출발해 솔직함, 그리고 진정성으로 이어진다. 이를 하나의 공식으로 표현해보면 다음과 같다.

솔직함 − 독선 + 약한 모습까지 보여주기 = 진정성

먼저 자신의 가식적인 성향을 알아채라. 그리고 솔직해지려고 노력하라. 독선을 버리고, 용기를 내서 약한 모습까지 보여줘라. 그렇게 한다면 결국 우리는 진짜 '진정성'을 띨 수 있다.

진정성 공식을 잘 이해하고 나 자신에게 그리고 팀원들을 비롯한 모든 사람에게 그대로 실천한다면 내 진짜 모습을 보여주면서 남들과 진심으로 교감할 수 있다. 쉽지 않은 일이고 상당한 각성과 용기가 필요하지만, 이렇게 할 수만 있다면 나 자신을 해방시킬 수 있을 뿐 아니라 주위 사람들에게도 좋은 본보기가 된다. 심리적 안전은 이렇게 나와 팀원들이 진정성을 띨 수 있을 때 확보된다.

빙산의 수위를 낮추라

나는 진정성을 '빙산'에 자주 비유한다. 우리는 대부분 남들에게 빙산의 꼭대기만 보여주는 게 마음이 편하다. 즉 우리 안의 프로페셔널하고 상식에 맞는 측면 말이다. 하지만 내가 정말로 어떤 사람이고, 무슨 생각을 하고, 어떻게 느끼고, 나에게 무슨 일이 있는지는 모두 수면 아래에 잠겨 있다. 빙산을 더 드러내면 보다 진정성 있는 모습을 보여줄 수 있고 주위의 심리적 안전도 커진다.

내가 여러 팀들에게 빙산을 더 드러내라고 권할 때 쓰는 연습 과제가 하나 있다. '나를 정말로 안다면… If you really knew me…'이라는 과제다. 이 방법은 오래전 비영리단체인 챌린지데이Challenge Day의 공동 설립자이자 내 멘토인 리치 두트라 세인트존Rich Dutra-St. John과 이본 두트라 세인트존Yvonne Dutra-St. John에게서 배운 것이다. 이 과제를 따라 해보면 남에게 진심으로 다가가 나의 약한 모습까지 보일 수 있을 뿐 아니라 서로가 진정성 있게 교감할 수 있다. 그러면 심리적 안전도 더 커질 것이다.

나는 이 연습 과제를 10여 년간 수백 번 진행했다. 큰 집단, 작은 집단, 그리고 팀 단위로도 실시해보았는데 팀 단위로 실시했을 때 결과가 가장 좋았다.

이 과제를 강력하게 추천하는 이유는 함께 작업한 팀이나 리더, 사람들에게 깊은 영향을 주는 것을 내가 직접 목격했기 때문이다. 조직 내에 즉각적으로 신뢰와 교감을 만들어내는 데 이만한 방법이 없다. 팀 구성원들이 좀 더 자주, 그리고 더 적극적으로 빙산의 아래쪽을 보여준다면 집단의 심리적 안전도 그만큼 더 깊어진다.

몇 년 전에 캘리포니아주 카멜에서 열린 판도라Pandora의 마케팅 책임자 워크숍에 팀 개발 프로그램을 진행하러 간 적이 있다. 당시 판도라의 최고마케팅책임자CMO는 에이미 라픽Aimée Lapic으로 해당 직을 맡은 지 1년 반쯤 된 상태였다. 이 기간 동안 마케팅 팀도 성장했지만 회사도 꽤 큰 변화를 겪고 있었다. 전체적으로 별 문제는 없었다. 그러나 이 워크숍은 여덟 명으로 구성된 마케팅 책임자 팀이 서로 인맥을 쌓고, 지난 시간을 돌아보고, 계획을 세울 수 있는 기회였다. 이들 중 절반은 오클랜드에 있는 본사에서 일했고 나머지 절반은 뉴욕시에 있는 지부에서 일했다. 그래서 이번 워크숍은 서로 시간을 함께 보내며 당면한 중요 이슈와 목표, 난관 등에 관해 의견을 교환할 수 있는 훌륭한 기회였다.

내가 진행한 프로그램은 워크숍의 마지막 일정이었고 그때까지 워크숍은 원활히 진행된 듯했다. 우리는 진정성 스펙트럼과 진정성 공식, 심리적 안전과 빙산을 더 많이 보여주는 것의 중요성 등에 관해 이야기를 나누었다.

분위기가 무르익었을 즈음 나는 이렇게 말했다. "이제 실전 연습을 하나 해볼 건데요. 서로 약한 모습까지 보여주고 더 깊이 교감하는 연습이에요. 잠시 후부터 돌아가면서 잠깐씩 이야기를 할 겁니다." 내가 설명했다. "제가 먼저 할게요. 여러분 차례가 되면 이 말만 그대로 따라 하면 돼요. '나를 정말로 안다면 이것도 알 거예요.' 그런 다음 여러분의 빙산을 조금 더 보여주는 겁니다. 이 연습에 맞고 틀린 방식은 없어요. 하고 싶지 않은 얘기는 단 한 마디도 할 필요가 없습니다. 하지만 저는 여러분에게 감히 제대로 한번 도전해보라고 권하고 싶어요. 팀원들에게 나의 약한 모습까지 한번 보여줘 보세요."

나는 말을 이었다. "최대한 마음 놓고 이야기를 할 수 있게, 발언 중인 사람에게는 우리 모두 아무 말도 하지 않기로 해요. 그 어떤 조언도, 질문도, 코멘트도 하지 않습니다. 그냥 귀 기울여서 신중하게 들어주세요. 그리고 하나 더, 여기서 나눈 이야기는 뭐가 되었든 여기 있는 사람들만의 비밀로 간직하기로 해요. 다들 동의하시나요?"

모두 고개를 끄덕이는 것을 보고 나는 내 이야기를 시작했다. "나를 정말로 안다면 이것도 알 거예요. 여러분과 함께 이 자리에 있게 되어 저는 지금 무척 설레고 감사한 기분입니다. 이렇게 위험 부담이 있는 이야기를 나누려니 긴장도 되네요. 나를 정말로, 정말로 안다면 이것도 알 거예요. 저는 제가 하는 일을 좋아하지만 가끔은 진정성이나 건강한 의견 충돌, 모험적 시도 같은 것들이 말로 떠들기는 쉬워도 실제로 실천하기는 훨씬 어렵다는 걸 느낍니다. 그리고 나를 정말로, 정말로, 정말로 안다면 이것도 알 거예요. 벌써 몇 년이 지났고 충분한 애도의 시간도 거쳤지만 저는 아직도 부모님 두 분이 모두 돌아가셨다는 사실과 특히 몇 년 전에 죽은 누나를 생각하면 슬픔에 빠져요. 겨우 이 나이에, 원래 저의 가족 중에 이제 세상에 남은 사람은 저밖에 없다고 생각하면 외로운 기분이 듭니다."

나는 이야기를 마치고 최고마케팅책임자인 라픽을 돌아보았다. 우연히도 내 왼쪽에 그녀가 앉아 있었다. "당신 차례예요." 내가 말했다.

라픽은 깊은 숨을 한 번 들이쉬더니 본인의 빙산을 좀 더 드러냈다. 라픽은 자신이 느끼는 기분, 특히 팀이나 회사와 관련해 본인이 느끼는 희망뿐 아니라 두려움에 관해서도 진정성 있고 용기 있게 털어놓았다. 그리고 사적인 근황 몇 가지를 이야기하며 약한 모습까지 보여주었다. 라픽이 들려준 이야기는 감동적이면서도 용기가 필요한 내용이었고 모든 사람에게 '당신도 이렇게 해도 된다'는 신호가 되었다. 실제로 참석자들은 모두 라픽의 뒤를 따랐다.

모두가 돌아가며 한 번씩 자신의 이야기를 했고, 모든 팀원이 감춰져 있던 빙산을 좀 더 보여주었다. 약한 모습까지 그대로 보여주면서 자신이 느끼는 감정, 이 순간 자신에게 일어나고 있는 일을 팀원들과 공유했다. 사람들은 눈물을 보이기도 하고 웃음을 터뜨리기도 했으며 등을 도닥여주었다. 가슴 쩡하고 서로 하나가 되는 순간이었다.

빙산의 저 아래쪽에는 원초적이면서도 중요한 인간의 감정과 경험들이 있다. 두려움, 기쁨, 슬픔, 감사, 분노, 희망, 상처, 불확실성, 리스크 그리고 궁극적으로는 상처받기 쉬운 약한 모습까지 말이다. 내 안의 이런 감정들을 인식할 수 있고, 안심하고 주위 사람들에게 표현할 수 있다면 해방감과 함께 인간적 교감을 나눌 수 있다.

그날 워크숍에서 연습 과제가 끝났을 때도 이렇게 용기 있는 대화가 사람들을 얼마나 하나로 묶어주는지 참석자들의 얼굴에 그대로 나타났다. 이어진 토론 시간에 참석자들은 더 깊은 교감을 나누었고, 업무를 할 때뿐만 아니라 리더로서, 마케팅 공동체의 일원으로서 그리고 한 인간으로서 앞으로도 계속 서로 소통하고 지원할 수 있는 방안에 관해 이야기를 나누었다.

'나를 정말로 안다면…' 과제를 연습하며 판도라의 마케팅 책임자 팀이 보여준 노력은 실제로 효과를 발휘했다. 워크숍 이후 참석자들은 서로 더 긴밀한 관계가 됐고, 신뢰와 심리적 안전도 한 차원 더 깊어졌다.

라픽은 워크숍 때 우리가 했던 연습이 분위기를 완전히 바꿔놓았다고 알려주었다. 이후 몇 달 동안 판도라는 시리우스 XM[SiriusXM]에 인수되면서 더 많은 변화를 겪었고 조직 전체와 특히 마케팅팀이 큰 충격을 받았다. 그러나 라픽은 리더로서 진정성 있게 일했고, 마케팅 책임자 팀은 아주 튼튼한 심리적 안전 관계를 형성해두었기 때문에 서로를 의지하며 당면한 변화와 난관들을 훨씬 더 효과적으로 헤쳐나갈 수 있었다.

나는 온갖 종류의 집단들과 이 과제를 진행해보았다. 그들은 업종도, 위치한 도시나 국가도, 처한 상황도 모두 제각각이었다. 그렇지만 이 대화를 할 때마다 나는 빙산의 저 아랫 부분을 캐보면 우리는 모두가 정말로 비슷하다는 사실을 느꼈다. 인생이나 일, 팀워크에서 놀라운 역설 중에 하나는 우리가 여러모로 참 다양하지만, 한 인간이라는 점에서는 공통점도 아주 많다는 사실이다. 별것 아닌 깨달음이지만, 우리는 진정한 인간적 교감을 느낄 수 있는 기회를 최대한 자주 만들어야 한다. 그리고 이 점을 스스로에게 또 서로에게 계속해서 일깨워주어야 한다.

진정성이란 '순간' 속에 존재한다. 나의 빙산을 더 많이 보여주고 남들도 그렇게 할 수 있도록 격려하라. 그렇게 한다면 진정성 있는 인간관계 속에서 팀의 심리적 안전을 확장할 수 있을 것이다.

나를 정말로 안다면…

더 많은 신뢰와 심리적 안전을 확보하고 싶은가? 지금부터 소개하는 이 과제를 통해 믿기지 않을 만큼 강력한 효과를 얻을 수 있다. 효과적 연습을 위해 아래의 유의사항을 꼼꼼히 따르기 바란다.

이 연습은 팀원들이나 집단 단위뿐 아니라 일대일 미팅에서도 진행할 수 있다. 만약 집단 단위로 이 연습을 진행한다면 15인 이하가 적당하다. 규모가 그보다 크면 작은 단위로 나눠서 진행하는 편이 적합하다. 그만큼 내밀한 성격의 과제이기 때문이다.

본격적으로 연습을 시작하기 전에 우선 진정성의 중요성과 빙산의 비유를 전반적으로 이해하는 시간을 갖는다. 그런 다음 진정성 스펙트럼과 진정성 공식의 개념을 설명한다. 구두로 설명하기보다 화이트보드나 플립차트에 직접 써가면서 이야기하는 것도 좋다. 이 연습에서 가장 중요한 것은 모든 구성원에게 교감과 신뢰, 공감, 심리적으로 안전하다는 느낌을 만들어내는 것이다.

진정성에 관한 몇 가지 핵심 정보와 이를 연습하는 이유에 관해 설명이 끝났으면 이제 참석자들이 안심할 수 있는 환경을 만들어야 한다. 여기 세 가지 기본 규칙이 있다.

1. 하고 싶지 않은 이야기는 절대로 할 필요가 없다.
2. 누군가 이야기를 털어놓으면 아무도 그에 관해 구체적 언급을 하지 않으며 청하지 않은 피드백도 하지 않는다.
3. 이곳에서 나눈 이야기는 결코 외부로 가져가지 않으며 철저히

비밀을 지킨다.

기본 규칙을 설명하고 참석자 전원이 동의한다면 그다음에는 이 연습이 원활히 진행되기 위해 가장 중요한 일을 해야 한다. 정말로 약한 모습까지 보여주겠다는 참석자들의 의지를 독려하고 속 깊은 이야기를 나누는 것이다. 당신이 더 솔직하게 약한 모습을 보여준다면 다른 참석자들도 깊은 속내를 드러내도 된다고 느낄 것이다. 몸을 사리거나 적합한 말을 하려고 하지 마라. 그저 진심을 말하고 정말로 당신의 빙산을 더 보여줘라. 먼저 다음과 같은 말로 시작하라.

"나를 정말로 안다면 이것도 알 거예요…."
"나를 정말로, 정말로 안다면 이것도 알 거예요…."
"그리고 나를 정말로, 정말로, 정말로 안다면 이것도 알 거예요…."

이야기를 마치면 화자의 왼쪽에 있는 사람이 이어받는다. 참석자 전원이 각자의 이야기를 공유하고 위 문장들을 직접 따라하고 빙산을 더 보여줄 때까지 계속한다.
마지막으로 팀원들이 이 경험을 돌아볼 수 있게 반드시 후속 토론을 갖도록 한다. 이 연습이 어땠는지, 남들이 털어놓는 이야기를 들으며 무엇이 기억에 남는지, 혹시 추가로 하고 싶은 말은 없는지 이야기한다.

참석자들에게 이렇게 물어본다. "다른 사람의 이야기에 공감할 수 있었던 분은 손을 한번 들어볼까요?" 해당 이야기에 실은 공감이 갔다는 사람이 대부분일 것이다.

남들이 더 많은 빙산을 보여줄 때 우리가 공감할 수 있는 이유는 약한 모습에 대한 인간의 자연스러운 반응이 '공감'이기 때문이다. 그리고 수면 아래 저 깊숙한 곳을 들여다보면 우리는 서로 다른 부분보다 비슷한 부분이 훨씬 더 많기 때문이다.

용기를 내서 참여해준 모든 참석자에게 고맙다는 말을 전하고 다 함께 좀 더 진정성 있게 일할 수 있는 실질적 방법에 관해 이야기하며 연습을 끝낸다.

심리적 안전을 확보하기 위한 리더의 역할

판도라의 라픽처럼 리더는 팀 내 심리적 안전을 확보하는 데 중요한 역할을 한다. 리더가 어떤 모습을 보이고, 어떻게 소통하고, 어떻게 일하고, 어디에 초점을 맞추느냐는 팀원들과 팀 문화에 큰 영향을 미친다.

에이미 에드먼슨 교수의 연구에 따르면 심리적 안전을 확보하고, 키우고, 유지하기 위해 리더가 할 수 있는 일이 세 가지 있다.

• **일이란 '실행의 문제'가 아니라 '학습의 문제'임을 강조한다** 에드먼슨 교수는 이렇게 말한다. "우리 앞에는 어마어마한 불확실성이 놓여 있고 그 결과에 따라 달라지는 것들도 너무나 많다는 사실을 분명히 짚어줘라. 다시 말해 아직 규명되지 않은 영역들이 있고 그렇기 때문에 각 팀원이 의견을 보태어주는 게 중요하다는 사실을 명확히 하라. 예컨대 다음과 같이 말하라. '지금 이건 우리가 처음 겪는 일이고, 앞으로 무슨 일이 벌어질지는 아무도 몰라요. 그러니 모두 의견을 보태주셔야 해요.'"

• **나도 실수할 수 있음을 인정한다** 에드먼슨은 이렇게 말한다. "간단한 몇 마디 말로 동료나 부하의 발언을 장려하라. 예컨대 이렇게 말하라. '제가 뭔가 놓쳤을 수도 있어요. 여러분이 저한테 말씀을 해주셔야 해요.'"

• **수많은 질문으로 호기심의 모범을 보인다** 에드먼슨에 따르면 "질문을 많이 하면 실제로 목소리를 낼 수밖에 없다. 팀원들이 답을 해야 할 필요성을 느낄 것이기 때문이다". 즉 리더가 호기심과 배움에 초점을 맞추면 팀원들도 자기 목소리를 내고, 질문을 하고, 내가 무언가를 모른다는 사실을 불편하지 않게 여기게 된다.

이런 것들은 모두 성장과 심리적 안전의 필수 요건이다.

    리더가 기꺼이 진정성을 갖고 일할 뜻이 있으면, 즉 팀원들에게 개인적 신용을 쌓으면 심리적 안전도 함께 커진다. 신용에는 두 가지가 있다. 직업적 신용professional credibility과 개인적 신용personal credibility이 그것이다. 직업적 신용이란 이력서, 경력, 직책, 출신 학교, 과거 실적, 각종 능력 등 눈에 보이는 것들이다. 직업적 신용은 당연히 중요하다. 하지만 많은 경우, 특히 신뢰를 쌓고 건강한 팀 문화를 만들고 진짜 심리적 안전을 확보하기 위해서는 개인적 신용이 훨씬 더 중요하다.

    개인적 신용을 쌓으려면 상대의 말을 귀 기울여 듣고, 상대에게 마음을 열고, 나 자신에 관한 이야기를 하고, 상대를 아끼고, 필요할 때는 사과를 하고, 기꺼이 나의 빙산을 더 많이 보여줄 의향이 있어야 한다. 앞서 말한 것처럼 독선은 개인적 신용을 갉아먹는다. 반면에 약한 모습까지 보여주는 것은 개인적 신용을 높인다. 개인적 신용을 쌓는 가장 좋은 방법은 바로 진정성을 갖는 것이다.

    개인적 신용이 있으면 교감, 충성도, 이해심이 늘어난다. 피드백을 주고받고, 난관을 극복하고, 좋은 일도 나쁜 일도 함께 헤쳐나갈 수 있다. 상대를 직책이나 이력서가 아닌 사람 그 자체로 보게 된다. 따라서 개인적 신용을 높이는 것은 결국 팀의 심리적 안전을 키우기 위해 리더가 할 수 있는 핵심적인 일 중에 하나다.

심리적 안전을 확보하기 위한 팀원들의 역할

리더는 분명 심리적 안전을 키우기 위해 최선을 다해야 할 책임이 있다. 하지만 훌륭한 팀들을 살펴보면 리더 혼자서 그런 환경을 만들 수 없다는 것을 잘 이해하고 있다. 이는 팀 전체가 노력해야 할 부분이다. 팀이 심리적으로 최대한 안전길 바란다면 팀원들도 아래의 몇 가지 중요한 사항들을 실천해야 할 것이다.

• **도움을 청한다** 사람들은 대부분 남을 도와주는 것은 좋아하지만 도움을 청하는 것은 잘 못한다. 주위 사람들에게 도움을 청하려면 용기가 필요하고 나의 약한 모습까지 보여줘야 하는데 이는 전형적인 신뢰의 표시다. 겁이 나더라도 도움을 청한다면 꼭 필요했던 지원을 받을 수 있을 뿐 아니라 남들에게도 힘을 주는 일이 된다(왜냐하면 사람들은 남을 도와주는 것을 좋아하기 때문이다). 그리고 내가 그렇게 함으로써 다른 팀원들도 필요할 때는 좀 더

마음 놓고 도움을 청할 수 있다.

• 주인의식을 가진다 한 팀의 문화는 전체 팀원의 태도와 마음가짐, 행동으로 구성된다. 물론 팀이 얼마나 안전한가(혹은 안전하지 않은가), 팀 문화는 어떤가에 관해서는 리더의 영향력이 상당하다. 하지만 팀원 개개인이 주인의식을 가진다면 불평이나 뒷담화는 줄어들고 팀 전체의 성공에 기여할 것이다. 주인의식이라는 관점에서 보면 나의 말 한마디, 행동 하나가 집단의 심리적 안전을 높이는 데 과연 도움이 될지 아닐지를 늘 생각해보는 것이 중요하다. 다른 사람의 말이나 행동이 팀의 심리적 안전에 부정적인 영향을 끼치고 있다면 그 문제를 직업적으로 해결해서 상황을 개선하는 것이 모두에게 좋다.

• 모범을 보인다 앞서 이야기했던 심리적 안전을 확보하기 위해 리더가 보여주어야 하는 행동들(일이란 학습의 문제임을 강조하고, 리더도 실수할 수 있음을 인정하고, 호기심을 갖고 질문하는 것)은 비단 리더뿐 아니라 팀원 모두에게 반드시 필요한 행동이다. 팀원 개개인이 이런 접근법으로 모범을 보인다면 리더의 일도 수월해지고 집단의 심리적 안전도 기하급수적으로 커질 것이다.

팀의 심리적 안전을 키우고 싶다면 같이 일하는 사람들과 이 문제를 직접적으로 생각해보고, 이야기하고, 개선할 방법을 찾아야 한다. 팀의 심리적 안전 수준을 측정해보고 싶다면 팀원들에게 아래 심리적 안전 정도를 측정하는 문항에 얼마나 동의하는지 물어보라.

1. 우리 팀에서 실수를 저지르면 그 사람을 탓하는 경우가 많다.
2. 우리 팀원들은 문제점이나 껄끄러운 이슈에 관해 말을 꺼낼 수 있다.
3. 팀 구성원들이 자신과 (생각이나 의견이) 다르다는 이유로 다른 사람을 거부할 때가 있다.
4. 우리 팀에서는 마음 놓고 모험적인 시도를 할 수 있다.
5. 다른 팀원에게 도움을 청하기가 어렵다.
6. 우리 팀의 그 누구도 내가 노력한 일을 의도적으로 손상시키지 않는다.
7. 우리 팀원들은 나의 고유한 능력 및 재능을 높이 평가하고 잘 활용한다.

팀원들이 위 일곱 가지 문항에 얼마나 동의하는가(혹은 동의하지 않는가)가 바로 당신 팀의 심리적 안전 수준이다. 회의나 워크숍 자리에서 이 문제를 가지고 대화를 나눠본다면 훌륭한 토의가 될 것이다.

심리적 안전을 확보하기 위해
팀에서 할 수 있는 일

팀의 심리적 안전이 현재 어느 수준이든 거기서 한 단계 더 올라가기 위해 팀 전체가 다 같이 해야 하는 구체적인 일들이 있다. 이를 몇 가지 소개하면 아래와 같다.

• **시간을 내서 심리적 안전에 관해 이야기한다** 따로 시간을 내서 일반적인 팀 문화, 특히 심리적 안전에 관해 생각해보고 논의하는 것이 중요하다. 앞서 소개한 심리적 안전 측정 문항을 이용해 팀이 지금 심리적으로 얼마나 안전한지(혹은 안전하지 않은지) 평가해보면서 논의를 시작하는 것도 한 방법이다.

우리 팀이 얼마나 건강한지, 팀 문화에 문제는 없는지 집중적으로 이야기할 수 있는 회의나 워크숍 등을 정기적으로 갖는다. 심리적 안전에 방해가 되는 것 또는 심리적 안전을 개선할 수 있는 방법에 관해 논의하는 것은 팀의 성공에 반드시 필요하다.

물론 지금 당장 팀에 심리적 안전이 별로 확보되어 있지 않다면 이런 시도가 매우 힘든 일일 수도 있다. 그럴 경우에는 작은 데서부터 시작하는 게 최선이다. 팀의 리더나 핵심 구성원에게 먼저 이야기를 꺼낸 다음, 거기서부터 차근차근 만들어가라. 팀에 심리적 안전이 충분히 확보되어 있고 팀 문화와 관련된 문제가 겉으로는 평범해 보이더라도 이들 문제를 꾸준히 논의하기 위해서는 대단한 헌신과 용기가 필요하다.

• **실수에 관해 이야기한다** 연구 결과를 보면 심리적으로 안전한 팀은 본인의 실수를 훨씬 더 적극적으로 인정하며 실수에 관해서 이야기를 하려고 한다. 이렇게 되면 구성원 모두가 성장하고 배울 수 있는 기회가 될 뿐 아니라 실수를 저지르거나 실수를 공개적으로 다루는 게 훨씬 덜 겁나고 덜 터부시된다. 역설적이게도 실수에 관해 적극적으로 이야기할수록 실제로는 실수를 덜 저지르게 된다. 이렇게 실수에 대해 자유로워지면 정말로 혁신적이고 뛰어난 일을 할 수 있다.

• **수시로 서로의 상태를 확인한다** 팀원들은 지속적으로 일대일 혹은 팀 단위로 서로의 상태를 확인하는 게 중요하다. 주기적으로 일대일 미팅이나 팀 미팅, 워크숍 등을 가져야 한다. 그리고 그런 미팅이 있을 때 반드시 잠깐 시간을 내서 개인적으로 서로의 안부를 확인해야 한다. 앞서 소개한 '나를 정말로 안다면…' 과제를 함께 해볼 시간이 있다면 가장 좋을 것이다. 하지만 아주 잠깐 시간을 내서 안부를 확인하는 것(잘 지내는지 묻고 진정으로 귀담아 듣는 것)만으로도 인간적 교감을 쌓고 유지하는 데 큰 도움이 된

다. 우리는 모두 한 인간이고, 다면적이고 복잡한 삶을 살고 있으며, 나름 최선을 다하고 있다는 사실을 기억하라.

· **모험적 시도를 해보도록 권장한다** 스스로에게도, 다른 팀원에게도 모험적인 시도를 한번 해보도록 도전 의식을 자극하라. 늘 안전하다고 생각하는 영역을 벗어나 새로운 시도를 해보라. 더 많은 시도를 하고, 실수를 기꺼이 인정하고, 그에 관해 이야기한다면 팀원 모두가 실험정신을 갖고 무언가를 열심히 추구할 수 있는 더 많은 자유를 갖게 될 것이다. 건강한 모험을 권장하는 팀이라면, 더 많은 심리적 안전을 확보하고 뛰어난 결과를 만들어낼 수 있다.

· **재미있는 시간을 함께 보낸다** 심리적 안전을 확보할 수 있는 가장 쉽고 즐거운 방법 중 하나는 그냥 함께 어울려서 즐기는 것이다. 나는 수많은 팀과 함께 작업하면서 시간을 같이 보내는 게 얼마나 중요한 일인지 직접 목격했다. 개인적으로 그리고 인간적으로 서로에 대해 알아가고, 단순히 함께 즐거운 시간을 보내는 것만으로도 믿기지 않을 만큼 큰 가치가 있다. 이는 즐거울 뿐 아니라 교감을 형성하고 팀 문화를 다지고 심리적 안전까지 확보해주는 효과가 있다.

심리적 안전의 핵심은 신뢰, 모험적 시도, 성장, 협업, 성과 등이 잘 일어날 수 있는 팀 환경을 조성하는 것이다. 이는 팀워크의 기초이고, 성공의 기본 조건이다. 어려운 일일 수도 있지만 우리가 리더로서, 팀원으로서, 또 팀 차원에서 할 수 있는 일들이 많이 있다. 그렇게 해서 심리적 안전을 키운다면 우리는 어느새 성장해 있을 것이다.

제2장

소속감에
초점을 맞춰라

We're All in This Together

오클랜드에 있는 스카이라인 고등학교를 다니던 나는 2학년 때 농구부에 들어갔다. 오클랜드는 미국 내에서도 가장 다양한 민족이 어울려 사는 도시 중 하나다. 농구부에 들어간 건 몇 가지 이유에서 나에게는 아주 엄청난 일이었다. 첫째, 나는 야구만큼 농구를 잘하지 못했다. 실은 야구 실력과 비교할 수준조차 되지 않았다. 둘째, 우리 학교의 농구부에 들어가는 것은 경쟁이 정말로 치열했다. 직전 2년간 연속으로 주써대회 우승권에 들었고, 당시 NBA에서도 스카이라인 고등학교 출신의 선수가 둘이나 뛰고 있었다. 개리 페이턴Gary Payton과 그레그 포스터Greg Foster가 그들이었다.

나는 '해냈다!'는 사실에 뛸 듯이 기뻤지만 동시에 불안하기도 했다. 나에게 출전 기회가 얼마나 주어질지도 확실치 않았고, 우리 팀이나 같은 리그에서 뛰는 타 학교 선수들의 뛰어난 재능을 보면서 약간 주눅이 들기도 했다. 게다가 나는 유일한 백인 선수였다. 나를 제외한 다른 팀메이트들은 모두 흑인 선수였는데 시즌을 진행하면서 보니 그해 오클랜드에 있는 공립고등학교의 여섯 개 농구부를 통틀어 백인 선수라고는 내가 유일했다. 리그 전체에서 내가 유일한 백인 선수였던 것이다. 우리 팀 선수들이야 모두 친했고 그래서 함께 있을 때도 마음이 편했지만 다른 학교 체육관에 들어설 때면 나는 종종 팀메이트들과 내가 다르다는 사실을 예리하게 느끼곤 했다.

그날은 캘리포니아주 플레젠튼에 있는 아마도르밸리 고등학교를 상대로 비공식 경기를 치르는 날이었다. 스카이라인에서 40킬로미터밖에 떨어지지 않은 곳이었지만 분위기는 사뭇 달랐다. 농구부는 물론이고 그날 체육관에 모인 학생과 팬 대부분이 백인이었다. 워밍업을 하는 동안 관중석에서 내 쪽을 향해 뭐라 수군대는 소리와 웃음소리가 들렸다. 나는 가급적 그쪽으로는 신경을 쓰지 않고 경기 준비에만 집중하려고 했다.

1쿼터 말 벤치에 앉아 있던 내가 교체 투입되었다. 관중들은 야유를 보내기 시작했다. 몇 분 뒤 나는 레이업 슛을 시도하다가 파울을 당했다. 두 개의 자유투를 던져야 했던 나는 자유투 라인에 가서 섰다. 심판이 나에게 공을 건네자 관중들은 이렇게 소리치기 시작했다. "화이트 보이white boy(백인 소년), 화이트 보이." 관중들은 자리에서 일어나 손을 앞뒤로 흔들어가며 나를 비웃었다.

농구 경기장에서 관중석에 있는 사람들이 원정팀을 조롱하는 것은 흔한 일이다. 특히나 원정팀 선수가 자유투 라인에 섰다면 말이다. 보통은 사방이 고요하고, 관중들은 자유투를 던지게 된 선수의 집중을 흩트려놓으려고 한다. 스포츠든, 무엇을 하든 살면서 이런 놀림을 받아본 게 한두 번도 아니었고 '화이트 보이' 소리도 당연히 많이 들어봤다. 그런데도 그 순간만큼은 어쩐지 나를 정말로 화나게 만드는 무언가가 있었다. 관중석을 올려다보니 그들은 모두 나와 비슷하게 생긴 사람들이었다. 그런데도 내가 팀 내에 유일한 백인이라는 이유로 그 많은 얼굴이 나를 놀리고 있다는 게 좀 혼란스럽기도 하고 마음의 상처가 됐다. 신경 쓰지 않으려고 애썼지만 그 순간만큼은 정말로 외로웠다. 마치 나는 내 자리가 없는 사람인 것 같았다. 팀 내에도, 그 코트 위에도, 그 체육관 어디에도 말이다.

당시에는 온전히 다 이해할 수 없었지만 그날의 경험과 그 팀에 속했던 덕분에 나는 많은 것을 배웠다. 그렇게 배운 교훈들 중에는 힘들고 겁나는 부분도 있었다. 하지만 대부분은 많은 것을 깨우쳐주었다. 특히나 지금에 와서 되돌아보면 말이다. 주위 사람들과 다르다는 게 어떤 것인지, 마음으로 느끼고 뼈에 새길 수 있었던 경험이었다.

나는 청소년기의 상당 부분을 소수 인종으로 보냈다. 학교에서도 그랬고, 대부분의 팀에서도 그랬다. 고등학교를 졸업할 때에는 우리 학년의 학생 500명 중 백인은 20퍼센트도 채 안 되었고, 40퍼센트 정도가 흑인, 30퍼센트 정도가 동양계였다. 우리가 듣던 음악, 입던 옷, 보던 영화, 시청하던 TV 프로그램 등 많은 것이 주위 사람들의 영향을 받았고, 내가 속한 학교와 도시, 사회 집단에 스며 있던 강력한 흑인 문화의 영향을 받았다.

그러다가 스탠퍼드대학교에 입학하면서 나는 문화적으로 한 단계 새로운 발전을 겪었다. 입학하자마자 수많은 차이가 눈에 들어왔다. 학생들은 미국 전역 출신이었고, 심지어 해외에서 온 친구들도 있었다. 그리고 다양성도 분명히 있긴 있었지만 내가 자란 곳에 비하면 오히려 다양성이 훨씬 부족했다. 스탠퍼드대학교 캠퍼스는 오클랜드에서 차로 불과 한 시간도 채 걸리지 않았는데 말이다. 고향 친구들이 나에게 "스탠퍼드는 어때?"라고 물어오면 처음 몇 달간 나는 이렇게 대답하곤 했다. "좋아. 그런데 여기는 정말 달라. 이렇게 많은 백인과 지내보긴 처음이야."

이런 상황과 정체성(나는 어떤 사람이고 어디에 어울리는 사람인지)에 대한 혼란 또 사회적, 역사적인 관점에서 인종적, 문화적 차이를 이해하고 싶던 관심사 등이 모두 합쳐져서 나는 미국학 중에서도 '인종과 민족성'을 전공으로 선택했다. 그리고 스탠퍼드대학교에 다니는 내내 겉으로는 오히려 똑같이 생겼어도 배경이나 시각이 나와는 다른 많은 사람을 접하게 됐다.

야구팀에서 만난 친구들은 내가 자라온 환경보다 훨씬 더 보수적인 국가나 지역 출신의 부유한 집안 자녀가 많았다. 그러나 마음속 두려움과 선입견을 일단 한 번 극복하고 나니 그런 친구나 그의 가족들도 믿기지 않을 만큼 친절하고, 따뜻하고, 남을 잘 도와주는 사람들이라는 걸 알 수 있었다.

이후 나는 미국 MLB 신인 드래프트에서 캔자스시티 로열스의 지명을 받았고, 프로야구 선수 계약을 체결했다. 마이너리그는 스탠퍼드대학교나 오클랜드와는 많은 문화적 차이가 있을 거라고 생각했다. 내 생각이 맞았다. 팀메이트들은 교육 수준이나 출신 지역, 인종, 출신 민족 등이 달랐을 뿐 아니라 해외 출신, 특히 도미니카공화국과 푸에르토리코, 베네수엘라, 멕시코 출신이 많았다.

인종적, 교육적, 이데올로기적 긴장도 일부 있었지만 나는 팀메이트들에게서 많은 것을 배웠다. 그리고 감사하게도 우리는 공통점을 찾을 수 있었다. 다들 야구를 사랑했고, 꿈을 좇는 젊은이로서 세상에 나아가기 위해 노력하고 있었다.

갑작스레 야구 인생이 끝나면서 다시 오클랜드로 돌아와 살게 된 나는 샌프란시스코에 있는 어느 인터넷 기업에서 일하게 됐다. 스물다섯의 나는 직장 안팎에서 온갖 부류의 사람들을 만났다. 그곳은 완전히 새로운 세상이었다. 나는 더 이상 학교나 스포츠가 아닌 '진짜' 세상에 나와서 온갖 연령대의 다양한 인종과 성향 등을 가진 사람들과 교류했다. 이제 내가 경험하는 '팀'은 스포츠가 아니라 일 중심이었다. 이제 나의 팀메이트들은 남자도, 여자도 있고 능력이나 배경, 시각이 서로 달랐다. 여러모로 흥미진진하기도 하고 혼란스럽기도 했다.

나는 비교적 짧은 기간에 많은 것을 배웠다. 스포츠를 통해 경험한 것과 비즈니스를 하며 마주치는 상황은 많이 달랐지만 다양한 집단에 속하는 사람들이 합심해서 성공적인 팀을 만들려면 무엇이 필요한가라는 측면에서는 비슷한 점도 많았다.

코치로서 그리고 강연가이자 작가로서 내 사업을 준비하며 처음에 들었던 생각은 다양성에 주목하자는 것이었다. 워낙에 중요한 주제이기도 했고 나의 배경이나 관심사, 전공까지 두루 고려해서 내린 결론이었다. 하지만 당시에는 이런 생각도 했다. '젊은 이성애자 백인 남자가 다양성에 관해 떠드는 걸 누가 듣고 싶어 할까? 아무도 내 말에 귀를 기울이지 않을 거야. 진지하게 받아들이지도 않을 거고. 심지어 그 과정에서 내가 여러 사람을 화나게 하거나 불쾌하게 만들 수도 있어.'

그럼에도 2001년 나는 내 사업을 시작했고, 처음에는 자기계발, 소통, 팀워크에 초점을 맞추기로 했다. 시간이 지나고 사업이 확장되는 동안 다양성이나 포용, 소속감 같은 이슈는 여전히 나에게 중요한 주제였다(함께 작업하는 여러 리더나 팀, 조직에 있어서도 기본적인 문제였음은 말할 것도 없다). 그러나 이들 주제를 직접적으로 다루기가 망설여졌다. 이 부분에서 나보다 더 많은 일을 겪었고 직접적으로 영향을 받은, 특정 커뮤니티 출신의 사람들이 해당 이슈를 다루는 게 최선이며 가장 적합할 것 같았다. 다양성과 포용이라는 논의 공간에는 어마어마한 사상적 리더가 너무나 많다. 이들 주제를 연구하고, 관련 책을 쓰고, 앞장서서 목소리를 내온 그런 사람들 말이다. 그들의 절대 다수가 유색 인종, 여성, LGBTQ(성 소수자) 커뮤니티에 속하거나 스스로 하나 이상의 소수 집단에 속한다고 말하는 사람들이다.

나는 내 생각이나 시각 또는 내 목소리를 필요로 하는 사람이 있을 거라고는 생각지 않았다. 심지어 신빙성을 띠지도 못할 거라고 생각했다. 그렇지 않다는 걸 지금은 알고 있다. 내가 이들 이슈를 직접적으로 건드리는 것을 피했던 것은 그만큼 내가 특권을 누리고 있다는 방증이다. 혹시나 모를 불편함이나 조롱, 단절로부터 나 자신을 보호하기 위한, 두려움에 기초한 자기 정당화에 불과하다.

나는 그 어느 때보다 지금이 우리 모두가 기꺼이 이 대화에 참여해야 할 때라고 생각한다. 중요하지만 어렵고 아프고 불편한 이들 이슈를 이제는 다룰 때라고 생각한다. 팀이 번창하기를 바라면, 서로 신뢰하고 높은 성과를 내는 조직문화를 만들고 싶다면, 다양성과 포용에 관해 기꺼이 이야기하고 논의해야 한다. 팀이나 조직 구성원 모두가 진정한 소속감을 느끼는 환경을 만들고 이를 확대하기 위해 끊임없이 행동해야 한다.

제2장에서는 이 주제에 관해 더 깊이 들어가 볼 것이다. 그 전에 이 책에서 '다양성', '포용', '소속감'이라고 할 때 무엇을 뜻하는지 간단한 정의를 통해 분명히 하고 넘어가자.

- **다양성**diversity 인종, 종교적 신념, 정치적 신념, 젠더, 성적 지향, 출신 민족, 교육, 사회경제적 배경, 젠더 정체성, 지리적 위치, 신체 능력, 나이 등의 특징이 다양한 직원들로 팀이나 조직을 구성한다는 뜻이다. 이런 특성을 적극 반영하는 것은 조직에 매우 중요하다. 구글의 CEO 순다르 피차이Sundar Pichai는 "다양한 목소리가 섞이면 모두에게 더 좋은 논의와 의사결정, 결과가 나온다."고 말한다.

- **포용**Inclusion 팀이나 조직 구성원들의 다양한 차이를 인정하고 존중하는 것이다. 또한 모든 구성원의 생각과 지식, 시각, 접근법, 스타일 등을 적극적으로 반영해서 팀의 성공을 극대화하고, 의식적 혹은 무의식적으로 누군가를 배제하는 일이 없게 최선을 다한

다는 뜻도 된다. 넷플릭스의 포용전략 담당 부사장 베르나 마이어스Verna Myers는 포용의 의미를 이렇게 밝혔다. "다양성이 파티에 초대하는 것이라면 포용은 춤을 추자고 손을 내미는 것이다."

• **소속감**belonging 인간의 근본적이고 보편적인 욕구다. 소속감을 느끼려면 팀이나 조직에서 각자의 다양한 특징이나 배경과 관계없이 모든 구성원이 안심하고 자기다운 모습을 드러낼 수 있어야 한다. 또한 누구나 소속 집단의 필수불가결한 일부임을 느낄 수 있는 환경을 만들어야 한다. 서비스나우ServiceNow의 최고인재책임자Chief Talent Officer인 팻 워더스Pat Wadors에 따르면 "포용 정책을 통해 모두가 '초대' 받을 수는 있지만 직원들이 조직 내에서 존중받는다고 느끼기 위해서는 소속감이 필요하다."

우리가 포용해야 할 것들

제2장에서는 포용과 소속감을 집중적으로 다룰 것이다. 하지만 다양성 역시 너무나 중요한 주제이기 때문에 잠시 시간을 내어 간단히 얘기해보자. 만약 당신이 팀이나 조직의 채용 및 승진에 영향을 줄 수 있는 리더나 경영진, 사업주라면 반드시 다양성에

주목해야 한다.

최근 쏟아져 나온 수많은 연구 결과들은 다양성을 갖춘 팀이나 조직이 그렇지 않은 팀이나 조직보다 더 훌륭한 성과를 낸다고 증명했다. 서문에서 언급한 2018년 맥킨지가 발표한 '다양성의 효과Delivering through Diversity'에 관한 보고서에 따르면 직원들의 출신 민족이 다양한 회사는 그렇지 않은 회사보다 33퍼센트 더 뛰어난 성과를 내고, 직원들의 젠더가 다양한 회사는 그렇지 않은 회사보다 21퍼센트 더 높은 성과를 낸다. 게다가 오늘날 글로벌 경제에서 현지 문화, 특히 현지 고객층을 최대한 반영하는 팀이나 회사를 꾸리는 것은 중요한 경쟁 우위 요소다. 딜로이트에서 실시한 〈2017 글로벌 인적 자본 트렌드2017 Global Human Capital Trend〉 설문조사에서는 응답자의 79퍼센트가 다양성을 경쟁 우위 요소라고 말했고, 그중 39퍼센트는 '중요한' 경쟁 우위 요소로 꼽았다. 팀이나 회사의 다양성을 확장하려면 당연하게도 인재가 유입되는 경로가 최대한 다양한 사람들로 채워지게 만들어야 한다.

에릭 시버슨은 현재 미국의 백화점 체인 니먼 마커스의 수석 부사장으로 최고인사책임자를 맡고 있다. 2019년 초 내가 진행하는 팟캐스트에서 이야기를 나눌 당시에는 글로벌 헬스케어 그룹 다비타DaVita의 최고인사책임자였다. 시버슨은 다양성과 포용, 소속감을 열렬히 옹호한다. 인터뷰에서 시버슨은 이렇게 말했다.

"저희는 언제나 해당 직무에 가장 적합한 사람을 뽑을 겁니다. 이 부분은 변할 수가 없습니다. 그렇기 때문에 다양성을 확보하기 위해 노력을 집중하는 부분은 적합한 사람을 선발할 후보자 풀 pool을 각계각층 출신으로 채우는 겁니다. 그런 다음 해당 직무를 놓고 모두 동등하게 경쟁시키는 거죠."

요즘에는 기업들이 직원이나 경영진, 조직 전반에 다양성을 확대할 수 있게 도와주는, 검증된 채용 방법들이 아주 많이 나와 있다. 하지만 아직도 갈 길이 먼 것은 분명하다.

이처럼 조직문화나 채용, 성과라는 관점에서는 다양성이 중요하지만 팀원들이나 리더 혹은 팀 전체가 할 수 있는 가장 좋은 일은 포용과 소속감에 주목하는 것이다. 포용과 소속감은 팀의 성공에 필수적인 만큼 복잡하고 어렵다. 진정한 포용과 소속감이 넘치는 환경을 조성하기 힘들게 만드는 요소를 몇 가지 소개하면 아래와 같다.

• **겁이 난다** 인종이나 젠더, 성적 지향, 나이, 다양성, 포용 등에 관해 이야기하는 것은 겁이 덜컥 날 수 있다. 나도 그렇지만 직장에서 다수 집단에 속하는 사람들(내 경우를 말하자면 백인, 남성, 이성애자, 생물학적 성과 젠더 정체성의 일치, 부유함, 영어를 모국어로 씀, 장애가 없음 등)은 자신이 혹시 비난을 받거나 공격을 당하진 않을

까, 남에게 상처를 주거나 불쾌하게 만들지는 않을까 혹은 인종 차별주의자나 성차별주의자, 동성애 혐오자 등 뭔가 편견을 가진 사람으로 인식되지는 않을까 하는 두려움이 있다.

나는 자라면서 여러 경험을 했음에도 당연히 유색인종이나 여성, 동성애자, 장애인, 트랜스젠더 등 기타 소수 집단에 속한 사람이 된다는 게 어떤 것인지는 전혀 알지 못한다. 이런 주제에 관심이 있고 대학에서 전공까지 했는데도 여전히 나로서는 이들 주제를 직접적으로 언급하는 게 결코 편안하지 않다. 심지어는 나의 약점을 노출시키는 일이라는 생각마저 든다. 특정 환경에 있거나 특정한 사람들과 함께 있거나 어떤 맥락 속에 있을 때는 더욱더 말이다. 이들 주제에 관해 여기 이 책에 쓰는 것도, 팀 문화와 팀 성과라는 일반적 주제나 내가 폭넓게 활동하는 업무 분야에서는 아주 기초적인 문제임에도 여전히 겁이 난다. 지금 이 순간에도, 이 중요하고 민감한 이슈에 대해 내 생각이나 아이디어, 시각을 다른 사람들이 어떻게 생각할지 걱정하고 있는 나 자신이 느껴진다.

다문화 교육 전문가인 워싱턴대학교 교수 로빈 디앤젤로[Robin DiAngelo]는 베스트셀러 《백인의 취약성》에서 많은 백인들이 인종 차별적인 행위 자체보다 인종 차별적이라는 언급 또는 의혹 제기를 더 공격적으로 여긴다고 주장했다. 다시 말해 인종 차별주의의 실질적 해악에 관심을 갖기보다는 자신이 인종 차별주의자라고 불리는 것을 더 걱정하는 사람들이 많다.

나는 그동안 여성, 유색 인종, LGBTQ 커뮤니티, 기타 다양한 소수 집단에 속한다고 밝힌 사람들과 이들 주제에 관해 이야기를 나누었다. 당연한 일이지만 그들은 많이 두려워했고 좌절하고 있었다. 이런 문제를 꺼내는 게 늘 본인이 되는 것도 원치 않았다. 이슈를 삼았다는 이유로 실제로 극심한 역풍이나 뒤탈을 겪어본 사람들도 있었으며, 심리적으로 충분히 안전하지 않다고 느끼는 사람들도 있었다.

오늘날 정치, 문화적 환경에서 사람들이 치열하게 갈라져 있는 문제가 한두 개이겠냐마는, 이보다 더 심하게 갈라진 영역도 없다. 이 극심한 분열 때문에 솔직하고 생산적인 방식으로 이들 주제에 접근하는 것은 더욱더 힘들고 겁나는 일이 됐다. 한번은 미국 코미디언 마크 매런Marc Maron의 팟캐스트를 듣고 있었다. 브레네 브라운 박사를 인터뷰하면서 마크는 이렇게 말했다. "요즘 우리가 어디쯤 왔는지 일반화해보자면 제 생각에 정치적 우파가 이 문제를 다루는 방식은 '절대로 사과하지 마라', '필요하면 두 배로 공세를 취해라'인 것 같고요. 정치적 좌파의 방식은 '절대로 용서하지 마라'인 것 같아요."

실제 상황에 대한 지나친 일반화 내지는 단순화일 수도 있지만, 안타깝게도 나는 마크의 말에 진실이 담겨 있다고 생각한다.

인종과 젠더, 정치색, 배경을 불문하고 이들 이슈를 직접적이고 효과적으로 다루는 일은 믿기지 않을 만큼 불편할 수 있다. 그만큼 개인적이고 정서적이고 복잡한 주제이기 때문이다.

• **시각이 다르다** 우리는 많은 문제에서 시각이나 의견이 상당히 다르다. 포용과 소속감이라는 민감한 주제에는 더욱 각자가 사물을 바라보는 방식이나 인생을 경험하는 방식이 크게 작용한다. 그렇기 때문에 최선을 다해서 타인에게 관심을 갖고 타인의 관점을 귀 기울여 듣는다고 해도 남의 입장이 되는 것은 여전히 어려운 일이다. 누구에게나 맹점이 있다.

나 역시도 절로 겸손해지는 계기들이 끊임없이 생긴다. 몇 년 전 나는 아내 미셸과 함께 샌프란시스코에서 열린 남녀문제 워크숍에 참석했다. 방 안에는 대략 70명의 사람들이 있었고, 남녀가 각각 절반 정도 됐다.

프로그램 중에 여성 진행자가 남자들에게 질문을 하나 했다. 최근에 신변의 위험, 즉 물리적인 위협을 느낀 때가 언제냐고 물었다. "제가 대략적인 기간을 하나씩 불러드릴 테니 본인에게 해당되는 기간이 나오면 손을 드세요. 손을 한 번만 드시는 거예요. 아시겠죠? 자, 한 10년 정도 되신 분? 5년 정도? 1년? 6개월? 3개월? 1개월? 일주일? 24시간 이내인 분?"

진행자는 우리가 손을 들 수 있게 잠깐씩 멈춰가며 기간을 하나씩 불러주었다. 나는 진행자가 '1년'을 불렀을 때 손을 들었다. 기억을 더듬어보니 몇 달 전에 신변의 위협을 느껴 겁을 먹었던 적이 한 번 있었던 것이다. 워싱턴 D.C.로 출장을 갔는데 늦은 밤 호텔까지 혼자 걸어서 돌아가다가 길을 잠깐 잃었다. 길에는 사람이 거의 없어서 겁이 더럭 났고 나는 신변의 안전을 걱정했었다. 내가 손을 들 때 몇몇 남자가 함께 손을 들었고, 일부는 나보다 조금 더 빨리 혹은 조금 더 뒤에 손을 들었다.

다음으로 진행자는 여자들에게 같은 질문을 했다. 진행자가 똑같이 시기를 불러주는데 여자들이 손을 들지 않았다. 나는 좀 이상하다고 생각했다. 진행자가 '일주일'을 불렀을 때 몇 명이 손을 들었다. 이윽고 진행자가 "24시간 이내인 분?"이라고 물었다. 방 안에 있는 거의 모든 여자가 손을 들었고 그중에는 미셸도 있었다. 미셸은 바로 내 옆에 앉아 있었다. 나는 깜짝 놀라 미셸을 돌아보았다. 얼굴에서 아직 충격이 가시지 않은 채로 나는 혼자서 생각했다. '대체 언제? 어디서? 왜?' 입이 떡 벌어진 채 나는 주위를 둘러보기 시작했다. 수많은 손이 올라가 있었다. 여성들의 표정은 마치 이렇게 말하고 있는 듯했다. '여자들이 이런 일을 겪는다는 걸 남자들은 어떻게 모를 수가 있지?' 그리고 나를 포함해 방 안에 있는 남자들은 대부분 경악을 금치 못한 채 두리번거리

고 있었다. '어떻게 이런 일이 있지?'

워크숍 진행자가 말했다. "이게 바로 여자의 몸으로 돌아다니는 것과 남자의 몸을 하고 돌아다니는 것 사이의 수많은 근본적 차이 중 하나입니다. 그런데도 우리는 이 문제를 이야기하거나 직접적으로 다루는 경우가 거의 없죠."

남들이 어떤 경험을 하는지 이해하려고 노력하고, 관심을 갖고, 귀를 기울이고, 그에 관해 알게 되더라도 여전히 그 문제에 온전히 공감하기는 어려울 수 있다. 페미니스트이자 싱글맘이었던 내 어머니는 나를 키우는 동안 젠더 불평등에 관해 많은 이야기를 들려주었다. 어머니는 수전 B. 앤서니Susan B. Anthony, 글로리아 스타이넘Gloria Steinem, 빌리 진 킹Billie Jean King 같은 여성 운동가들을 추앙했다. 1984년에 어머니는 누나 로리와 나를 학교에서 조퇴시키고, 오클랜드 시청 앞에서 열린 제럴딘 페라로Geraldine Ferraro의 연설을 함께 보러 갔다. 미국의 주요 정당 소속으로는 최초로 탄생한 여성 부통령 후보였다.

지금 나는 업무와 관련해서, 또 딸 둘을 둔 아빠로서 그리고 다양한 가치관과 세계관을 가진 사람으로서 젠더 문제와 평등에 관해 많은 생각을 하며 보낸다. 그런데도 그날 그 방에서 나는 미셸을 비롯해 손을 든 수많은 여성들에게 허를 찔려버린 것이다. 그들은 24시간 이내에 신변의 위협을 느낀 적이 있다고 했다. 우리가 세상을 똑같은 방식으로 바라보거나 살아가고 있는 게 아니라는 현실과 나 자신의 맹점을 구체적이면서도 따끔하게 보여준 사례였다.

생활에서 혹은 직장에서 겪는 경험은 각자의 나이와 인종, 젠더, 성적 지향, 문화, 사회경제적 배경, 언어, 신체 능력 등에 따라 크게 다를 수 있다. 이런 경험의 차이와 각자의 가치관, 신념, 견해, 세계관에 따라 우리는 종종 같은 것도 전혀 다르게 본다. 그렇기 때문에 다양성이나 포용, 소속감이라는 이슈에 관해 이야기하는 게 쉽지 않을 수 있다. 더 나아가 팀이나 조직에서 생산적이고 실용적인 방식으로 이런 문제에 접근할 수 있는 구체적인 아이디어를 생각해내는 것은 더욱더 어렵다.

• **누구나 편견이 있다** 편견에는 두 가지 유형이 있다. 의식적인 편견(명시적 편견이라고도 한다)과 무의식적 편견(암묵적 편견이라고도 한다)이 그것이다. 의식적이든, 무의식적이든 편견은 비단 인종이나 출신 민족에 대해서만 있는 게 아니다. 그 어느 사회 집단에 대해서도 편견은 존재할 수 있다. 나이, 젠더, 종교, 성적 지향, 몸무게 등 수많은 특징에 대해 사람들은 편견을 품을 수 있다.

무의식적 편견은 우리가 의식적으로 자각하지 못한 채로 특정한 집단에 대해 형성하는 사회적 고정관념이다. 누구나 남들에 대해 무의식적으로 믿고 있는 사항이 있다. 이런 편견은 뇌가 빠르게 사회적 카테고리를 나누는 과정에서 자동적으로 생성되는 것이다. 사람들을 내 마음속에서 얼른 어느 한 집단으로 분류하기 위해서 말이다.

무의식적 편견은 의식적 편견보다 훨씬 더 만연하고 우리의 가치관과는 상충하는 경우도 많다. 스트레스가 심하거나 멀티태스킹 중이거나 갈등 상황일 때, 겁이 날 때, 위협을 느낄 때, 촉박한 시간적 압박 속에 일할 때와 같이 특정한 시나리오가 갖춰지면 이런 무의식적인 태도와 신념이 활성화될 수 있다. 무의식적 편견이 아주 까다로우면서도 해로울 수 있는 이유는 우리가 자각을 못 하기 때문이다.

예일대학교에서 진행한 어느 연구에서 이력서를 두 가지 버전으로 만들어 기업에 지원해보았다. 두 이력서는 나머지 사항은 완전히 동일하고 지원자의 이름만 달랐다. 하나는 남자 이름, 다른 하나는 여자 이름이었다. 결과적으로 '남자' 지원자는 더 경험 많은 유능한 사람으로 간주되었고, 이후 채용되어 높은 월급을 받을 가능성도 더 컸다.

옥스퍼드대학교의 《이코노믹 저널The Economic Journal》에 발표된 또 다른 연구도 있다. 똑같은 물건을 이베이 경매에 내놓았는데 제품 설명 사진에서 물건을 들고 있는 손이 백인의 것일 때 흑인인 경우보다 구매 신청이 21퍼센트 더 많았다.

의식적, 무의식적 편견은 우리가 서로를 똑바로 보지 못하게 만든다. 포용과 소속감에 관해 솔직하고 진정성 있는 논의를 나누지 못하게 만들고, 편 가르기와 단절, 신뢰 부족을 고착화시킨다. 우리는 또 편견을 아주 부정적으로 생각하는 경향이 있어서 자신이 가진 편견을 온전히 인정하지 못하거나 이해하지 못한다. 애초에 자신에게 그런 편견이 있다는 사실 자체를 부정하는 경우도 많다.

• 자신이 누리는 특권을 인정하지 못한다 편견과 마찬가지로, 많고 적음의 차이는 있어도 누구나 특권을 갖고 있다. 그런데도 여러 이유로 많은 사람이 자신이 누리는 특권을 편견보다 더 인정하지 못한다. 특권이라는 단어는 마치 비방의 말인 것처럼 변질됐고, '특권을 가진 사람'이라는 말도 상대방을 대놓고 공격하는 표현이 됐다.

지금의 사회, 정치적 분위기에서는 특히 백인 및 남성의 특권에 대한 논의가 많다. 구글에서 '특권'을 검색하면 다음과 같은 정의가 나온다. '특정한 사람이나 집단만 이용 가능하거나 혹은 그들에게만 허용된 특별한 권리, 혜택, 면책권.' 그리고 비슷한 말로는 '이점, 권리, 혜택, 특혜, 자격, 타고난 권리, 당연한 것' 등이 열거되어 있다.

성실, 공정, 기회, 능력주의 같은 가치관을 동경하는 문화에서

(그리고 최근 작용하는 일부 사회적 요인을 고려하면) 특권이 그처럼 부정적으로 비치고, 많은 사람이 자신의 특권을 인정하지 않으려 하는 것은 충분히 이해할 만한 일이다. 일부 경우에는 심지어 자신에겐 특권이 없다고 우기거나 애써 누리는 특권을 숨기려고 하기도 한다. 하지만 더 중요한 문제는 사람들은 다 똑같은 출발점에 서 있는 것은 아니며 우리가 서 있는 운동장이 기울어지지 않은, 반듯한 운동장도 아니라는 사실을 깨달아야 한다는 점이다.

우리 중에는 남들이 갖지 못한 혜택을 누리는 사람들도 있다. 그중 다수는 우리도 어쩔 수 없는 것들이다. 말 그대로 어디서 태어나고 어떻게 생겼느냐에 기초한 혜택이기 때문이다. 하지만 그런 혜택이 존재한다는 사실을 알아볼 수 있어야 하고, 그런 혜택이 타인에게 미치는 영향을 이해하려고 노력하는 것이 중요하다.

몇 년 전에 어느 고등학교 선생님이 '보어드 판다Bored Panda'라는 사이트에 익명으로 글을 올린 적이 있다. 선생님은 자신과 학생들의 공통된 특권에 관해 다음과 같이 중요한 교훈을 주었다.

교실 앞에 쓰레기통을 가져다놓고 학생들에게 종이를 한 장 꺼내서 공처럼 동그랗게 구기라고 한다. 그런 다음, 각자 앉은 자리에서 그 구겨진 종이를 던져 쓰레기통에 넣어보라고 한다. 그 전에 학생들에게 지금 이 반에 있는 사람들이 전체 국민을 나타내고, 여기 이

쓰레기통은 미국 상류층을 의미한다고 설명해준다. 우리는 '기회의 나라'에 살고 있으니 '출세'할 가능성은 누구에게나 주어지며 종이 공을 던져 쓰레기통에 넣으면 누구나 부자가 될 수 있다고 말이다. 그러면 십중팔구 교실 뒤편에 앉은 학생들이 불평을 늘어놓기 시작한다. 앞쪽에 앉은 친구들이 불공평하게 더 유리하다고 말이다. 그러면 나는 '이때다!' 하고 특권과 불평등에 관해 이야기한다. 쓰레기통에 가까울수록 성공 확률은 높고, 특권도 더 많은 거라고 말이다. 뒤편에 앉은 학생들도 종이 공을 쓰레기통에 넣는 게 불가능하지는 않지만 훨씬 더 어렵다.

나는 앞줄에 앉은 학생들은 아마 처음에는 자신의 특권을 인식하지 못했을 거라고 짚어준다. 그들의 눈에는 자신과 목표물 사이의 3미터 거리밖에 보이지 않기 때문이다. 나는 또 불평을 하고 있는 사람들이 뒤편에 앉은 학생들이라는 점도 지적한다. 그리고 교육도 하나의 특권이라는 말로 수업을 정리한다. 지금 여기 앉아 있는 학생들은 바로 그 특권을 이용해서 본인보다 뒤편에 앉은 사람들의 권리를 옹호해줄 수 있다고 말이다.

나는 특권이 무엇인지 간단하면서도 설득력 있게 보여주는 이 이야기를 참 좋아한다. 포용이나 소속감과 관련해서도 우리는 자신이 가진 특권 때문에 알아차리지 못하는 것들이 있다. 물론 필요한 변화나 조정을 위해서 행동하려는 의지가 부족한 경우도 있지만 말이다.

넷플릭스에서 제작한 〈용기를 내어야 할 때^{The Call to Courage}〉에서 브레네 브라운 박사는 이렇게 말한다. "(포용, 평등, 다양성에 관해) 불편하니까 대화를 안 하겠다는 말 자체가 바로 특권입니다." 어떤 종류가 되었든 다수 집단에 속한다는 것은 '굳이' 이들 이슈에 관해 이야기하거나 덤벼들 필요가 없다는 뜻도 된다. 그런 이슈는 상대하기가 겁나고, 어렵고, 난감하다. 그래서 우리는 그냥 손을 떼거나 관심 자체를 주지 않는다.

하지만 여기서 한 단계 더 깊이 들어가 보면 인정하기 겁나는 진실이 따로 있다. 바로 우리가 특권을 인정하거나 놓아주기 싫은 이유가 종종 그걸 잃을까 두렵기 때문이라는 점 말이다. 남들에게도 기회와 접근성이 늘어난다면 혹시라도 나의 성공에 걸림돌이 되지 않을까 걱정이 되는 것이다.

이처럼 우리가 가진 특권 그 자체뿐 아니라 그걸 부정하는 태도도 다양성에 관해 진정성 있는 대화를 나누기 힘들게 한다. 그리고 진정한 포용과 소속감이 넘치는 환경 조성에 필요한 조치들을 취하기 어렵게 만든다.

• **영혼까지 챙겨올 만큼 직장이 안전하다고 느끼지 않는다** 지난 몇 년간 나는 전작 《영혼 없이 출근하지 마라》에 관한 강연을 하며

미국 전역과 전 세계를 돌아다녔다. 그럴 때 사람들이 나에게 와서 했던 말이 있다. "마이크, 직장에 영혼까지 챙겨와서 약한 모습까지 보여주는 게 당신한테는 훨씬 쉽겠죠. 당신은 백인이고, 이성애자에 남자라서 여러 이점과 특권을 누리고 있으니까요."

처음 그 소리를 들었을 때는 나도 약간 방어적이 되었다. 로지가 나에게 맨스플레이닝을 한다고 지적했을 때처럼 말이다. 하지만 생각을 더 해보고 더 많은 사람, 리더들, 집단들과 이 주제에 관한 토론을 나누면서 나는 그 말을 더 깊이 있게 이해하게 됐다. 물론 앞서 보았듯이 나는 다수자의 입장이고 여러 지배적인 사회 집단에 속하면서 많은 특권을 누린 것도 사실이다. 그리고 여러 환경과 상황에서 비교적 내 빙산을 더 많이 보여주고, 진정성을 갖고, 영혼까지 챙겨서 출근하는 일이 남들보다 더 쉬울 것이다. 하지만 내 개인적인 경험을 돌아보면 그게 아주 쉬웠던 적은 단 한 번도 없다. 조사를 하다가 정확히 이 부분과 관련된 개념을 발견했는데 바로 '커버링covering'이라는 개념이다.

커버링이라는 단어를 처음 만든 사람은 사회학자 어빙 고프먼 Erving Goffman이다. 고프먼은 이미 정체성이 낙인찍혀 있는 사람들조차 "본인의 낙인이 너무 커 보이지 않도록 엄청난 노력을 기울인다."는 사실을 설명하며 커버링이라는 단어를 썼다. 뉴욕대학교의 헌법학자 켄지 요시노Kenji Yoshino는 이 아이디어를 더 발전시켜서 우리가 커버링하는 영역을 네 개의 카테고리로 나누었다.

1. 외모
2. 소속
3. 정치적 신념
4. 어울리는 사람들

요약하자면 우리는 자신의 여러 측면 중에서 자신을 주류 밖으로 밀어낼 수도 있다고 생각되는 부분은 가리려는 경우가 많다. 요시노는 딜로이트대학교 포용리더십센터의 센터장 크리스티 스미스Christie Smith와 함께 직장에서 커버링이 얼마나 만연한지 측정해보기로 했다. 두 사람은 전 세계 열 개 업종의 직원들을 대상으로 설문조사를 실시했다. 3,129명의 응답자들은 나이, 젠더, 인종, 출신 민족, 성적 지향이 다양했고 각자 회사에서 차지하는 직위도 서로 달랐다. 응답자의 61퍼센트가 위 네 개 카테고리 중 적어도 하나 이상을 직장에서는 커버링한다고 답했다. 이 조사에 따르면 LGBTQ에 속하는 사람의 83퍼센트, 흑인의 79퍼센트, 유색 인종 여성의 67퍼센트, 여성의 66퍼센트, 히스패닉의 63퍼센트가 커버링을 한다.

연구진이 발견한 바에 따르면 역사적으로 과소대표 집단

underrepresented group(겉으로 드러난 규모가 실제보다 적은 집단. 소수 집단이 이에 해당하는 경우가 많다 – 옮긴이)에 속하는 사람들이 커버링을 더 많이 하기는 했지만 이성애자인 백인 남성도 45퍼센트는 커버링을 한다고 응답했다.

이 연구가 알려주는 것은 인종이나 젠더, 성적 지향 등 본인의 정체성 덕분에 영혼까지 챙겨서 출근하는 게 남들보다 좀 더 쉬운 사람들도 있을 수 있지만 여전히 이는 모든 사람에게 어려운 일이라는 사실이다. 커버링을 하려는 성향은 누구에게나 있다. 특정한 과소대표 집단에 속할 경우에는 커버링을 할 가능성이 더 크기 때문에 팀 환경이나 조직 환경은 당연히 커버링과 큰 관련이 있다.

심리적 안전의 정도, 리더가 보여주는 본보기, 직장에서도 자신의 본모습을 유지하라는 사회적 권장 등이 우리가 서로 진정성 있게 교류할 수 있느냐에 영향을 준다. 이 책에서 심리적 안전을 우선적으로 다룬 이유도 가장 시급하게 해결되어야 하는 요소이기 때문이다. 포용에 관해 대화를 나누고 소속감을 느낄 수 있는 환경을 만들려면 먼저 그래도 되겠다 싶을 만큼 안전한 느낌부터 들어야 한다. 심리적 안전을 확보하는 것부터가 쉬운 일이 아니기 때문에 포용이라는 이슈를 다루고 진정한 소속감을 만들어내는 일도 어려울 수 있다.

지금까지 열거한 것들을 비롯해 여러 이유로 인종, 젠더, 성적 지향, 나이, 문화, 다양성 등의 이슈에 관한 대화는 쉽지 않아 보인다. 이에 따라 모든 구성원이 진정한 소속감을 느끼는 포용적 환경을 만들어줄 의미 있는 조치를 취하는 게 어려울 수도 있다. 그러나 제1장에서 이야기했듯이 그런 어려움이 변명이 될 수는 없다. 이는 여러 가지 핵심적인 요소들 중에서 방해가 되는 일부일 뿐이다.

조직 내 팀원들과 리더가 이 부분에서 긍정적인 변화를 꾀하고, 그에 관해 조치를 취할 수 있으려면 진정한 용기와 의지, 헌신이 필요하다. 다시 한번 강조하지만 포용과 소속감은 팀과 회사 성공의 기초다.

포용적인 팀은 세 가지 지능이 있다

포용이란 조직 내 사람들의 차이를 이해하고 존중하며, 모든 사람의 아이디어와 시각을 적극적으로 활용하는 것이다. 말보다 실천이 분명히 더 어렵겠지만 포용은 팀 성공의 비결이라고 할 수 있는, 높은 성과를 내고 신뢰와 소속감이 있는 문화를 조성하기 위한 토대다.

글로벌 연구 분석가 조시 버신Josh Bersin이 실시한 한 조사에 따르면 조사 기간 3년 동안 포용적인 문화의 회사는 직원당 현금흐름이 2.3배 더 컸다고 한다. 딜로이트대학교 포용리더십센터가 빌리진킹리더십운동Billie Jean King Leadership Initiative과 함께 실시한 광범위한 설문조사에서도 응답자의 80퍼센트가 회사를 선택할 때 포용이라는 항목이 중요하다고 답했다. 또 39퍼센트는 더 포용적인 회사가 있다면 지금의 회사를 떠날 수 있다고 했고, 23퍼센트는 더 포용적인 조직에 들어가기 위해 회사를 그만둔 적이 있다고 응답했다.

요약하자면 튼튼한 조직문화를 만들고, 우수한 인재를 유치하며, 최고 수준의 성과를 내기 위해서는 무엇보다 포용이 중요하다는 것을 알 수 있다. 포용적인 팀이나 회사를 만들고 싶다면 가장 좋은 방법은 감성 지능emotional intelligence과 사회 지능social intelligence, 문화 지능cultural intelligence에 초점을 맞추는 것이다. 이 세 가지가 무엇인지 각각 살펴보고, 이 요소들이 포용에 왜 중요한지 알아보자.

감성 지능

흔히 감성지수 또는 EQEmotional Quotient라고도 알려진 감성 지능은 사람들과 소통하고, 교감하고, 협업하고, 영향을 미치고, 리더가 되는 데 기본이 되는 능력이다. 살아가면서 중요한 여러 상황과 관계, 측면들을 헤쳐나가기 위해서 감성 지능은 중요하다. 감성 지능은 네 가지 요소로 구성되어 있다. 자기 인식self-awareness, 자기 경영self-management, 사회적 인지social awareness, 관계 경영 relationship management이 그것이다.

1. **자기 인식** 자신의 생각과 감정, 신체 감각을 알아채고, 경험하고, 이해할 수 있는 능력.
2. **자기 경영** 자신의 생각과 감정을 최대한 관리할 수 있고, 스스로 동기를 부여하며 자신을 제어할 수 있는 능력. 자기 인식과 자기 관리는 서로 복잡하게 연결되어 있다.
3. **사회적 인지** 타인에게 주의를 기울이고 타인의 감정을 알아차릴 수 있는 능력. 물론 타인의 생각을 읽거나 타인의 감정을 그대로 느낄 수는 없지만 호기심과 공감 능력, 관심을 가지고 타인에게 주의를 기울일 수는 있다.
4. **관계 경영** 타인을 이해하고 타인과 교류하며 자신의 여러 인간관계를 경영하는 능력. 신뢰를 쌓고, 교감하며, 타인에게 동기를 부여하는 능력. 자기 인식이나 자기 경영과 마찬가지로 사회적 인지와 관계 경영도 밀접히 관련되어 있다.

EQ는 포용과 관련해 중요한 역할을 한다. 더 포용적으로 생각하고, 소통하고, 행동할 수 있으려면 자기 인식과 자기 경영이 선행되어야 한다. 내 생각과 감정을 더 잘 자각하고 더 효과적으로 관리할 수 있다면 포용이라는 관점에서 중요한 변화를 꾀하는 일도 더 잘하게 될 것이다.

사회적 인지와 관계 경영 능력이 있으면 남들의 생각이나 감정에 더 많은 주의를 기울일 수 있다. 또한 자신의 말이나 행동이 어떤 파급력을 갖는지 더 잘 알아챌 수 있다. 최대한 포용적이면서도 효과적으로 일하는 방법과 관련해 꼭 필요한 피드백을 주위 사람들로부터 (명시적 혹은 암묵적으로) 받을 수 있다.

사회 지능

사회성 지수 또는 SQ^{Social Quotient}라고도 알려진 사회 지능은 타인과 잘 어울리고 타인이 나에게 협조하게 만들 수 있는 능력이다. 종종 쉽게 '인간관계 스킬'이라고도 여겨진다. 이처럼 사회 지능은 상황 인식과 상황을 지배하는 사회적 역학 관계에 대한 인식을 포함한다.

남들을 상대하며 나의 목표를 이루는 데 도움이 될 만한 교류방식이나 전략에 대한 지식도 사회 지능이다. 또한 어느 정도의 자기 통찰을 가지고 무언가를 인식하고, 그에 대한 내 반응의 패

턴을 잘 의식하는 것도 사회 지능이다.

사회 지능은 사회적 인지와 사회적 능력이라는 두 가지 주된 구성 요소로 이뤄져 있다. 사회적 인지는 감성 지능을 이야기할 때 살펴보았던 것처럼 타인의 감정과 니즈, 걱정을 이해하고 공감하는 능력이다. 주위 사람들에게 동조하고 그들의 경험에 공감하는 능력이다.

사회적 능력은 사람들과 어울릴 때나 직장에서 벌어지는 상황을 효과적으로 헤쳐나가는 대인관계 능력과 소통 능력이다. 온갖 종류의 집단 및 다양한 배경을 가진 개인들과 교감하고 그들에게 영향력을 미칠 수 있는 능력이다.

포용과 관련해 사회 지능이 매우 중요한 이유는 인지 편향을 완화해서 우리의 생각과 행동, 반응을 개선하려면 사회 지능이 있어야 하기 때문이다. 사회 신경과학social neuroscience 연구에서 알려진 바에 따르면 우리 인간은 서로 교감하게끔 만들어져 있고 노력을 통해 사회 지능을 발달시키는 것도 가능하다. 즉 노력한다면 우리는 서로의 차이에도 불구하고 어느 누구와도 공감할 수 있다.

EQ와 SQ 연구를 통해 지난 십수 년간 알게 되었듯 팀이 원활하게 함께 일하고, 효과적으로 소통하고, 바라는 결과를 내기 위해서는 감성 지능과 사회 지능을 계발하는 것이 반드시 필요하다. 포용적인 팀 환경을 만들기 위해서는 리더와 팀원들이 이들 지능을 적극적으로 활용해야 한다.

문화 지능

문화 지능 지수 또는 CQ^{Cultural Quotient}라고도 알려진 문화 지능은 여러 문화를 이해하고 그 속에서 효과적으로 일할 수 있는 능력이다. 문화 지능은 포용의 필수 요소다. EQ나 SQ만큼 많이 연구되고 있지는 않지만 오늘날 글로벌하고 다양한 비즈니스 환경에서 번창하기를 바라는 팀이나 리더, 사람들에게 문화 지능은 점점 더 중요해지고 있다.

문화지능센터^{Cultural Intelligence Center}의 설립자 겸 회장인 데이비드 리버모어^{David Livermore}는 《문화 지능 CQ 리더십^{Leading with Cultural Intelligence}》을 비롯해 CQ에 관한 수많은 책을 집필한 이 분야 최고 전문가 중 한 사람이다. 리버모어는 이렇게 말한다. "문화 지능은 문화적 감수성이라든가 문화적 인식과 같은 기존 개념을 훨씬 뛰어넘습니다. 문화 지능이 있으면 문화적 차이를 전략적으로 활용해서 더 혁신적인 솔루션을 도출할 수 있습니다."

리버모어와 문화지능센터의 연구진은 지난 10여 년간의 연구를 통해 욕구, 지식, 전략, 행동이라는 네 가지 능력을 알게 되었다고 설명한다.

1. **욕구** 다문화적 환경과 다양한 상황에 대한 관심, 호기심 및 자신감과 관련된다. 나와는 다른 사람들과 교류하고, 알아가고, 교감하고 싶은 욕구.
2. **지식** 여러 문화가 어떻게 같고 다른가에 대한 이해. 문화적 차이에 대해 최대한 많이 배우는 것.
3. **전략** 다문화적 교류에 대해 알고 그를 위한 계획을 세울 수 있는 능력. 다문화 환경을 항상 염두에 둘 수 있도록 생각하고 준비해두는 것.
4. **행동** 다문화적 상황에 처하거나 다문화 환경에서 일할 때 적응할 수 있는 능력. 언어적, 비언어적으로 유연한 레퍼토리를 가지고 다양한 상황에 맞게 반응하는 것.

문화 지능을 계발하려면 문화적 배경이 다른 사람이나 상황에 어떻게 접근해야 하는지 배우려는 진정한 욕구와 호기심이 있어야 한다. 또 이를 늘 염두에 두고 상황에 맞춰 행동하려는 의지가 필요하다. 이 점은 오늘날 비즈니스에서 더욱더 중요해지고 있다. 성장과 발전을 바라는 사람이라면 누구나 지속적으로 초점을 맞추어야 할 부분이다. 문화 지능은 또한 포용적이며 소속감을 느낄 수 있는 팀 문화 내지는 조직문화를 조성하는 데도 필수적이다.

나는 팟캐스트에서 《포용적 리더가 되는 법》의 저자이자 다양성 및 포용 전문가 제니퍼 브라운과 이야기를 나눈 적이 있다. 그녀는 이렇게 말했다. "포용이란 우리 모두에게 반드시 필요한 새로운 비즈니스 및 리더십 능력입니다. 누구나 암묵적 편견이나 맹점을 갖고 있다는 사실을 감안한다면 기꺼이 귀를 기울이고, 배우고, 변화하려는 의지를 가져야 합니다. 비즈니스에서는 누구나 훌륭한 제품을 만들고, 훌륭한 팀을 구성하고, 결과를 낼 수 있는 능력에 따라 평가받는다는 사실을 생각해보면 더 포용적인 사람이 되는 게 더 성공하는 길입니다."

포용은 정치적 올바름도, 보여주기식 이미지도, 단순히 사용하는 단어를 바꾸는 일도 아니다. 포용은 우리 자신과 주위 사람들의 감성 지능, 사회 지능, 문화 지능을 계발하는 일이다. 그렇게 해서 그 누구도 배제되지 않고 소속감을 느끼는 환경을 만들어 팀 전체가 탁월한 성과를 낼 수 있게 만들어야 한다.

일하고 싶은 회사가 되는 법

다비타는 독특한 방식으로 튼튼한 조직문화를 구축했다. 다비타는 1992년 토탈 신장腎臟 케어 회사로 출발했으나 1990년대 말 파산 직전까지 갔다. 회사는 켄트 서리Kent Thiry를 CEO로 앉혔고, 서리를 비롯한 경영진은 미션과 가치 중심의 접근법으로 직원들을 통합하고 회사를 탈바꿈시키는 작업에 착수했다.

경영진은 '생기를 주다'라는 뜻의 이탈리아 문구를 딴 '다비타'로 사명을 바꾸고, 회사를 '마을'이라고 부르기 시작했다. 공동체 같은 느낌을 주기 위해서였다. "다비타에서는 우리가 회사이기 이전에 공동체라는 얘기를 많이 합니다. (…) 저희는 서로를 돌봄으로써 헬스케어 분야를 발전시키고, 리더를 양성하고, 지역사회를 바꿀 수 있다고 생각합니다." 다비타의 웹사이트에 적혀 있는 내용이다.

다비타는 또한 다양성, 포용, 소속감이라는 측면에서도 늘 앞서 나갔다. 2017년 다비타는 모든 팀원을 위한 다양성과 포용 전략을 짜기 위해 최고포용위원회Executive Inclusion Council를 출범시켰다. 2018년 다비타는 젠더 평등을 발전시킨 글로벌 기업의 노력을 인정하는 블룸버그 젠더평등지수Bloomberg Gender-Equality Index에 편입되었다.

앞에서 언급한 에릭 시버슨은 2017년 초부터 2019년 말까지 다비타의 최고인사책임자였다. 시버슨의 인사팀은 소속감의 중요성에 초점을 맞추려고 집중적으로 노력했다.

2019년 초 내가 진행하는 팟캐스트에서 이 부분과 관련한 이야기를 나누면서 시버슨은 다음과 같이 말했다. "저희는 모든 팀원이 '여기가 내 자리야'라고 생각하기를 바랍니다. 저희는 의도적으로 포용에서 소속감으로 관심의 초점을 옮겼습니다. 포용도 중요하지만, 포용 그 자체에 초점을 맞출 경우 인사이더와 아웃사이더가 나뉘는 것처럼 보일 수 있겠더라고요. 마치 아웃사이더를 포용해야 할 것처럼 말이에요. 저희 마을에서는 모두가 인사이더이고 모두가 일원입니다."

다비타는 소속감의 문화를 만드는 데 앞장서고 있는 수많은 기업 중 하나다. 시버슨의 말처럼, 그리고 제2장에서 내내 이야기했던 것처럼 여러 이유로 포용은 반드시 필요하지만 우리가 정말로 만들고 싶은 것은 '모든 사람'이 소속감을 느끼는 환경이다. 동성애자인 시버슨은 또 이렇게도 말했다. "스스로 사회적 소수 집단에 속한다고 생각하는 사람들은 대부분 다수 집단이 하는 일에도 배제되기보다는 참여하고 싶어 해요. 그렇지만 모두가 여기가 내 자리라고 느낄 수 있다면 제일 좋겠죠."

2017년 딜로이트에서 실시한 또 다른 조사인 '포용의 효과 조사Unleashing the Power of Inclusion'에 따르면 응답자의 80퍼센트는 취업할 곳을 선택할 때 소속감이 중요하다고 답했고, 62퍼센트는 소속감을 더 강조하는 곳이 있다면 다니던 직장을 떠날 것(혹은 이미 떠난 적 있음)이라고 답했다. 소속감을 느낄 수 있는 환경을 만들려면 구성원들이 자기 본연의 모습 그대로 출근할 수 있을 만큼 안전한 분위기를 만들어야 한다. 이를 위해서는 모든 팀원을 인정하고 존중해야 한다.

소속감은 인간의 기본적 욕구다

심리학자 에이브러햄 매슬로Abraham Maslow는 인간의 발달 단계를 연구하면서 인간이라면 누구나 가지고 있는 다섯 가지 기본 욕구에 기초한 동기 이론을 생각해냈다. '매슬로의 욕구 단계Maslow's Hierarchy of Needs'는 가장 기본적이고 큰 욕구가 바닥에 배치되는 피라미드 형태로 제시된다. 그의 주장의 핵심은 원초적인 욕구가 먼저 충족되어야만 그보다 더 고차원적인 욕구를 달성하려는 동기가 생긴다는 것이다. 매슬로가 제시한 다섯 가지 욕구를 피라미드의 아래쪽에서부터 설명하면 다음과 같다.

1. **생리적 욕구** 인간의 생존에 필요한 생물학적 요구사항이다. 공기, 음식, 물, 집, 옷, 체온 유지, 수면 등에 대한 욕구다. 이들 욕구가 충족되지 않으면 인간의 몸이 최적으로 기능할 수 없다. 매

슬로는 생리적 욕구가 가장 중요하다고 보았고 이 욕구가 충족될 때까지 나머지 욕구들은 부차적이라고 생각했다.

2. 안전의 욕구 외부 위험으로부터 보호 받거나 안전, 질서, 법률, 안정성 등을 바라는 욕구다. 이는 또한 신체적, 정신적, 정서적으로 안전하다고 느끼고 나와 가족을 돌볼 만큼 충분한 일과 돈, 자원 등을 보유하고 싶은 욕구이기도 하다.

3. 소속 욕구 생리적 욕구와 안전의 욕구가 충족되고 나면 인간 욕구의 세 번째 단계는 소속감을 포함한 사회적 욕구다. 대인 관계에 대한 욕구가 행동의 동기가 된다. 사랑을 주고받고, 어딘가에 받아들여지고, 신뢰와 우정을 나누는 것 등이 그 예다. 소속이란 집단이나 공동체(가족, 친구, 직장 등)에 가입해 구성원이 되는 일이기도 하다. 자신이 생존할 수 있고 안전하다는 사실을 알고 나면 인간은 소속감을 느끼고 싶은 욕구가 생긴다.

4. 존중의 욕구 매슬로는 존중에 대한 욕구를 두 가지 유형으로 설명했다. 하나는 자기 자신에 대한 존중 욕구다(성취, 존엄성, 자신감, 독립성으로 대표된다). 다른 하나는 타인으로부터의 존중 혹은 명성에 대한 욕구다(지위, 관심, 인정, 명망이 대표적이다).

5. 자아실현 욕구 개인의 잠재력을 실현하고, 자기 만족을 경험하며, 개인적 성장을 추구하려는 욕구다. 매슬로는 자아실현 욕구를 '내가 될 수 있는 것은 모두 다 되어보려는' 욕구라고 설명

했다.

매슬로의 욕구 단계에 따르면 소속감은 인간이라면 누구나 필요로 하는 것이다. 출신, 나이, 젠더, 성적 지향, 인종, 출신 민족, 신체 사이즈, 신체 능력, 사회경제적 지위, 종교 등과는 무관하게 누구에게나 소속 욕구는 필수적이다.

특정 환경에서는 특정 집단의 사람들이 과대 대표되어 왔고 그 상태가 계속 이어지고 있는 것도 사실이다. 그래서 다양성과 포용은 계속해서 중요할 수밖에 없겠지만 기본은 소속감에 초점을 맞춰야 한다. 배경이 어떻든, 정체성이 무엇이든 누구나 소속감과 소외감을 맛본 적이 있다. 어떤 상황 또는 집단에서 아웃사이더가 되면 뇌에서 코르티솔cortisol, 즉 스트레스 호르몬이 분비된다. 그러나 내가 집단의 일원이라는 느낌이 들면 뇌와 신경 체계는 안전하다고 판단해 옥시토신oxytocin을 분비한다. 옥시토신은 타인에 대한 교감을 높이고, 불안을 감소시키고, 행복을 증진시킨다.

2018년에 어니스트 앤 영Ernst & Young에서 처음으로 '소속감 바로미터Belonging Barometer' 조사를 실시했다. 이 조사에 따르면 사람들은 소속감을 느끼면 더 생산적이 되고, 동기가 부여되며, 몰입도가 높아졌다. 또 본인이 가진 혁신적 잠재력을 한껏 발휘할 가능성이 3.5배나 더 컸다. 응답자의 56퍼센트는 직장에서 신뢰받고 존중받는다고 느꼈을 때 소속감을 가장 많이 느꼈다. 39퍼센트는 자유롭게 의견을 말할 수 있다는 사실이 소속감에 기여한다고 했고, 34퍼센트는 나의 고유한 기여분의 가치를 높이 평가해줄 때 소속감을 느낀다고 했다. 아이오와대학교에서 실시한 조사에 따르면 어떤 직원들에게는 동료에 대한 애착이나 소속감이 돈보다 더 큰 동기 부여 요소였다.

칩 콘리는 《피크Peak》를 비롯한 여러 베스트셀러의 저자이다. 콘리는 스물여섯 살에 주아 드 비브르 호스피탈리티Joie de Vivre Hospitality, 이하 JdV를 설립해 도심의 평범한 모텔을 미국에서 두 번째로 큰 부티크 호텔 브랜드로 탈바꿈시켰다. 콘리는 JdV의 CEO로 24년을 재직하고 회사를 매각했다. 그러자 이내 에어비앤비의 설립자들로부터 연락이 왔다. 설립자들은 당시 유망한 스타트업이던 에어비앤비를 세계 최고의 숙박업 브랜드로 변모시킬 수 있게 도와달라고 했다. 콘리는 4년간 에어비앤비의 글로벌 숙박 및 전략 부문 최고 책임자로 활동했고, 이후 에어비앤비의 숙박 부문 및 리더십 전략자문으로 일했다.

팟캐스트에서 소속감의 중요성에 관해 나와 얘기를 나누던 콘리는 이렇게 말했다. "기업에서 소속감이 점점 더 중요해지고 있는 또 다른 이유는, 이게 인사팀만 신경 쓴다고 되는 문제도 아니고, 마냥 정치적 올바름 때문에 하는 일도 아니기 때문입니다. 안타깝게도 어떤 사람들한테는 다양성이나 포용이 그런 식으로 보일 수 있어요. 하지만 소속감은 회사의 모든 구성원이 작게나마 매일 무언가를 할 수 있는 영역이에요."

칩 콘리는 성공한 비즈니스 리더이자 선도적 이론가로서 고객 경험과 기업문화, 깨어 있는 자본주의conscious capitalism에 열정을 갖고 있다. 그는 에어비앤비의 브랜드와 조직문화를 정립하는 데 핵심적 역할을 했다. 콘리가 합류하고 1년쯤 뒤 에어비앤비는 '어디를 가든 내 집처럼Belong Anywhere'이라는 새로운 브랜드와 로고, 태그라인을 내놓았다. 콘리는 이렇게 말했다. "2013년 4월에 제가 합류했는데 한 달쯤 후에 회사 최고위원회의 워크숍 준비를 돕게 됐습니다. 그때 '어디를 가든 내 집처럼'이라는 아이디어가 뿌리를 내리기 시작했죠. 이게 하나의 강력한 브랜드가 될 수 있었던 건 어떻게 하면 고객들이 '내 집처럼' 느낄 것인가 하는 영역에 먼저 깃발을 꽂은 숙박 기업이 없었기 때문이에요. 우리를 맞아줄 집주인들은 '어디에나' 있습니다. 어디를 가나 누군가의 집이 있으니까요. 그런 다음에 우리는 '내 집 어워즈'라는 직원용 프로그램을 만들었습니다. 21개 글로벌 지부 직원들을 대상으로 사무실에서 '어디를 가든 내 집처럼'을 가장 잘 구현한 사람에게 상을 주었어요. 이런 식으로 '어디를 가든 내 집처럼'을 마치 주문처럼 외었던 게 직원들이나 조직문화에 긍정적 영향을 줬다고 저는 믿고 있습니다. 2016년에 저희는 직장 평가 사이트 글래스도어Glassdoor에서 뽑은 '미국에서 가장 일하기 좋은 회사'로 선정됐어요."

소속감이란 모든 구성원이 소외되지 않을 뿐 아니라 모두가 팀의 중요한 정규 멤버로서 안전하고, 인정받고, 존중받는다고 느끼게 만드는 것이다. 다시 말해 소속감은 우리 모두가 한 배를 탄 사이라는 사실을 기억하는 것이다.

소속감을 키우기 위한 리더의 역할

포용적이며 소속감을 느낄 수 있는 팀 환경과 조직 환경을 만드는 데 리더는 막중한 역할을 한다. 작가이자 리더십 전문가이기도 한 닐로퍼 머천트Nilofer Merchant에 따르면 "더 많은 혁신을 창출하기 위해 리더라면 누구나 할 수 있는 일이 한 가지 있다. 조직에 소속감을 만들어내면 된다."고 한다.

고위 경영진에 속하든 혹은 작은 팀을 맡고 있든, 아니면 그냥 주위 사람들에게 좋은 영향력을 주고 싶든, 상황은 상관 없다. 당신이 속한 집단과 회사에 포용적이며 소속감을 느낄 수 있는 환경을 조성하기 위해 리더로서 할 수 있는 구체적인 일이 몇 가지 있다.

• **나의 편견과 특권을 인정한다** 제2장 앞부분에서 이야기했듯 사람이라면 누구나 편견과 특권을 갖고 있다. 그 편견과 특권이 얼마나 되느냐는 사람에 따라 다르겠지만 리더라면 자신의 편견과 특권을 기꺼이 인정할 수 있어야 한다. 가장 중요한 것은 스스로에게 인정하는 것이고, 다음으로 중요한 것은 용기가 있다면 팀원들에게 인정하는 것이다. (명시적, 암묵적) 편견을 넘어서려면 최대한 그런 편견을 인식할 수 있어야 한다. 그리고 일반적 특권뿐 아니라 리더로서의 특권을 잘 이해한다면 팀원들과 더 깊이 교감하고, 그들의 경험에 더 공감하고, 포용과 소속감을 늘릴 수 있을 것이다. 암묵적 편견에 대한 교육을 받고 자신의 특권을 (창피하게 여기지는 않지만) 더 잘 의식하는 것은 포용적 리더십의 필수 요소다.

• **구체적인 피드백과 조언, 교육을 받는다** 오늘날의 글로벌 비즈니스 세상에서 리더들은 새로운 도전과 아이디어, 새로운 사람들을 끊임없이 마주친다. 빠른 변화의 속도를 비롯해 모든 걸 놓치지 않고 잘 따라가기란 쉬운 일이 아니다. 다양성과 포용, 소속감

에 관해서도 새로운 연구 결과나 데이터가 많고, 새로운 개념이나 용어, 아이디어도 계속해서 나오고 있다. (아무리 훌륭한 의도를 갖고 있어도 누구에게나 맹점이 있다는 사실은 말할 것도 없다.) 따라서 최대한 많은 피드백과 조언, 교육을 계속해서 받는 것이 중요하다. 요즘에는 이 부분이 리더가 갖추어야 할 가장 중요한 능력인데 우리 중에는 도움이 될 만한 교육이나 경험, 피드백을 별로 얻지 못한 사람들도 있다. 전문가나 다른 팀원들, 다른 리더들에게 아이디어와 의견을 구하는 것도 배움을 얻을 수 있는 좋은 방법이다.

자기 목소리를 낼 수 있을 만큼 용기 있는 사람들의 조언에 방어적인 자세를 취하지 않고 마음을 여는 것도 반드시 필요하다. 또한 자신의 배경과는 무관하더라도 팀이나 회사의 다른 사람들과 관련된 이슈나 상황에 대해 기꺼이 귀담아 듣고, 배우고, 깨치려는 의지를 갖는 것도 중요하다.

• **언어 사용에 유의한다** 다양성이나 포용, 소속감이 꼭 용어에 관한 문제는 아니지만 언어 사용은 중요한 역할을 한다. 사람들이 소외감을 느끼거나 심지어 불쾌감을 느끼게 만드는 '방아쇠' 역할을 하는 단어들이 많이 있다. 가장 바람직하고 포용적인 언어는 계속해서 바뀌고 있으므로 이를 놓치지 않고 최대한 잘 따라가는 것이 중요하다. 또한 명확치 않을 때는 다른 사람에게 조언

이나 피드백을 구해야 한다. 의도한 바는 아니지만 언어 사용에서 실수를 저지르는 일은 분명히 생길 것이다. 자신이 하는 말이나 그 말의 기원에 항상 유의한다면 의식적으로든 무의식적으로든 남을 배제하거나 화나게 만드는 말을 피할 수 있을 것이다. 팀원들과 대화할 때는 구성원들이 최대한 소외감을 느끼지 않는 용어를 사용해야 함은 물론이다.

미묘하게 공격적일 수 있는 표현들을 의식하는 것도 중요하다. 우리가 (혹은 남들이) 하는 말이나 행동은 의도적으로 혹은 의도치 않게 소외감을 유발할 수 있다. 로지가 지적했던 맨스플레이닝은 나의 독선을 보여준 예이기도 하지만, 또한 미셸을 향한 나의 미묘한 공격이기도 했다(나는 마치 도움을 주려는 듯이 연기하고 있었지만 실제로는 내가 옳고 나의 주차 방법이 더 우월하다는 것을 증명하려는 것에 불과했다).

특정한 사람, 특징 혹은 집단에 관해 이야기할 때 쓰는 용어나 단어를 알아두는 것도 중요하다. 예를 들어 몇 년 전에 나는 '시스젠더cisgender'라는 용어를 계속 들었지만 그게 무슨 뜻인지 물어보기가 두려웠다. 결국 뜻을 물어봤고, 그게 자신이 인식하는 정체성 및 젠더가 타고난 성별과 일치한다는 뜻임을 알게 됐다. 충분히 공감이 갔다. 말하자면 트랜스젠더의 반대말이었던 것이다. 이때부터 나는 스스로를 '시스젠더 남성'으로 지칭했다. 나는 이 부분에 대해 더 경각심을 갖게 됐고 남들과 소통할 때도 다양한 젠더 정체성을 좀 더 포용하는 방식을 선택할 수 있었다. 나는 또 타인을 더 많이 포용하기 위해서 이메일 서명란에 내가 선호하는 대명사 표시(나는 '그he'로 불러달라고 적었다)를 추가했다(영어에서 한 사람을 대명사로 지칭할 때 남자는 he, 여자는 she로 나눠 쓸 수밖에 없다. 성소수자에 대한 인식이 많이 높아진 요즘 사람들은 누구나 자신이 불리고 싶은 성별 표현을 스스로 선택할 수 있다고 여기기 때문에 자신의 입장을 미리 밝히는 경우가 있다. 저자처럼 전통적인 성 정체성을 가진 사람이 자신의 대명사 표기를 미리 밝혀두는 것은 성소수자를 지지한다는 의미도 된다 ─ 옮긴이).

- **멘토나 스폰서가 되어 준다** 리더가 할 수 있는 일 중에서 가장 큰 영향력을 미칠 수 있는 것은 팀이나 조직 내 구성원의 멘토 혹은 스폰서가 되는 것이다. 우리는 종종 두 단어를 혼용해서 사용하지만 실제로 이들 단어는 구별된다. 멘토는 개인적 혹은 직업적으로 도움이 되기를 바라는 마음으로 상대에게 조언을 해주고, 코칭을 해주고, 자신의 지혜나 경험, 지식을 나눠준다. 반면에 스폰서는 상대의 멘토가 되기도 하지만, 상대의 지지자가 된다는 점에서 차이가 있다. 스폰서는 다른 리더들에게 이 사람에 관해 알려주고, 그의 능력을 보증하고, 자신이 가진 특권이나 영향력, 지위를 동원해 그의 성공을 지원한다. 물론 모두가 회사에서 승

진할 수는 없는 것처럼 멘토나 스폰서가 해주는 역할도 사람마다 다를 수 있다. 이런 점들을 염두에 두고 그 과정에서 사람들을 의도적으로 배제하는 일이 없게 하는 것이 중요하다.

달리 눈에 띄거나 알려질 길이 없는 사람들에게 멘토나 스폰서가 되어준다면 어마어마한 영향을 미칠 수 있다. 뉴욕에 본부를 두고 있는 비영리단체인 인재혁신센터^{Center for Talent Innovation}는 기업들에게 다양성과 포용에 관한 조언을 해준다. 인재혁신센터에 따르면 멘토의 71퍼센트는 자신과 동일한 인종, 동일한 젠더인 사람을 멘티^{mentee}로 선택했다고 한다. 리더는 사람들의 멘토나 스폰서가 되어 그들을 성장시키고 그들에게 기회를 줄 수 있는 위치에 있다. 만약 기꺼이 다양한 집단에 속하는 사람들에게 멘토나 스폰서가 되어 준다면 팀이나 회사 내의 포용과 소속감에 아주 긍정적인 영향을 끼칠 수 있을 것이다.

• 다양성과 포용, 소속감의 차이를 알되 모두에게 초점을 맞춘다 제2장 앞부분에서 이야기했듯이 다양성이란 집단이나 조직이 더 다양한 배경을 가진 사람들로 구성되도록 만드는 것이다. 포용은 그 모든 차이를 인정하고, 사람들이 소외되는 일이 없게 최선을 다하는 것이다. 그리고 소속감은 자신이 지배적 집단에 속하든 아니든 모든 구성원이 스스로 자신이 중요한 사람이고, 소속 집단의 온전하고 평등하며 핵심 일원이라고 느낄 수 있는 환경을

만드는 것이다.

세 가지 모두 정말로 중요하다. 그리고 리더라면 이 셋의 차이를 알고 각각에 주목하는 자세가 반드시 필요하다. 그런 점에서 리더가 할 수 있는 가장 중요한 두 가지는 팀 내 다양성(혹은 다양성의 부재)에 늘 유의하는 것과 인재가 유입되고 승진하는 파이프라인이 다양한 집단의 출신으로 채워지게끔 하는 것이다. 다양한 차이가 이해되고 존중되며, 단 한 사람도 소외감을 느끼지 않도록 최선을 다하는 것이 포용의 기초다. 이를 바탕으로 모든 팀 구성원이 진정한 소속감을 느낄 수 있게 해야 한다.

소속감을 키우기 위한 팀원들의 역할

포용적이고 소속감을 느낄 수 있는 환경을 조성하는 데는 팀이나 조직 내의 모든 구성원이 중요한 역할을 한다. 이는 우리가 보고를 하는 상사, 고위직 리더 혹은 인사팀만의 과제가 아니다. 우리가 사람을 관리하는 직책을 맡고 있든, 아니면 우연히도 이런 이슈를 직접적으로 다루는 부서에서 일하든 어느 상황에서나 우리는 누구나 팀의 구성원이고 회사의 직원이다.

위에서 열거했던 리더의 역할은 하나하나가 모두 팀원에게도 적용될 수 있는 내용이다. 그리고 그 외에도 팀원으로서 할 수 있는 일들이 몇 가지 더 있다. 이것들을 실천한다면 주위에 포용과 소속감이 넘치는 문화를 만드는 데 긍정적 영향을 줄 수 있을 것이다.

• **목소리를 낸다** 겁이 날 수도 있고, 심리적 안정감과도 큰 관련이 있지만 팀원으로서 해야 하는 가장 중요한 일은 목소리를 내는 것이다. 흔히 하는 말로 '보이면 말을 해야 한다'. 당신을 불편하게 하거나 소외감을 느끼게 하는 말이나 행동이 있다면 적극적으로 이를 알려야 한다. 또한 포용과 소속감이라는 측면에서 문제가 되거나 불쾌하거나 화가 날 수도 있을 법한 어떤 일을 보거나 들었다면 적극적으로 문제 제기를 하라. 동료나 상사 혹은 함께 일하는 다른 누군가와 직접적으로 대화를 나누는 것도 한 방법이다. 문제를 직접적으로 제기할 만큼 충분히 안전한 느낌이 들지 않는다면 당신을 대신해서 문제 제기를 해줄 수 있는 누군가에게 이야기를 하는 방법도 있다. 아무 말도 하지 않거나 단순히 불평만 늘어놓는 것으로는, 물론 그것도 정상적이고 이해할 만한 일이지만 상황이 개선되지는 않는다.

• **지적하지 않고 포용한다** 다양성이나 포용, 소속감이라는 관점

에서 불공평하거나 불쾌하다고 생각되는 무언가를 봤을 때 그리고 그에 대해 말할 용기가 있을 때 우리는 사람들을 지적하는 경향이 있다. 다시 말해 내가 느낀 것이 상대의 실수나 악행이라고 지적하는 것이다. 물론 팀이나 회사 단위를 넘어 사회적으로 이에 대한 논의도 있어야 한다. 하지만 우리가 포용과 소속감의 문화를 만드는 데 가장 생산적인 방식은 서로를 지적하는 것이 아니라 포용하는 것이다. 포용한다는 것은 나의 독선을 버리고 상대를 향한 적대감마저 최대한 없앤다는 뜻이다. 그리고 진정성 있는(솔직하면서도 독선적이지 않고 약한 모습까지 보여주는 방식으로) 소통과 피드백을 한다는 뜻이다.

포용은 진실과 연민에서 나온다. 상대가 모르는 것을 알려주고 싶고, 함께 중요한 논의를 하고 싶은 욕구에서 나온다. 어떤 경우는 다 함께 모인 상황에서 사람들을 포용할 수도 있다. 또 이런 대화는 일대일로 나누는 게 더 적절할 수도 있다. 감성 지능과 사회 지능을 이용해서 해당 상황에 가장 효과적일 것으로 생각되는 방식을 정하면 된다.

• **바라는 것을 요청한다** 내가 가장 좋아하는 말 중에 이런 말이 있다. "요청하지 않으면 대답은 늘 '노No'이다." '이게 아닌데' 싶을 때를 자주 경험해봤을 것이다. 포용과 소속감을 키우기 위해 바라는 일들도 있지만 여러 이유로 뭔가 불편하고 확신이 부족해

서 목소리를 내어 요청하지 못한다. 바라는 것을 요청하려면 일부러 나서야 하고, 거절당하거나 비난받거나 소외될 위험을 감수해야 한다.

그렇지만 용기를 내서 원하는 걸 말한다면 세 가지 일이 벌어질 수 있다. 첫째, 바라는 걸 실제로 얻게 될지도 모른다. 둘째, 주위 사람들이나 팀원들이 내가 뭘 중시하는지 알 수 있다. 셋째, 서로 약한 모습까지 보여주는 연습이 되므로 심리적으로 더 안전한 환경이 조성되고, 교감할 수 있으며, 궁극적으로는 소속감을 키울 수 있다.

바라는 바를 요청하는 것은 내 목소리를 가장 잘 활용하는 방법이며, 긍정적 변화를 만들어내는 효과적인 방법이다. 목소리를 낼 때와 마찬가지로, 만약 바라는 것을 요청할 만큼 안전한 느낌이 들지 않는다면 나를 대신해서 잘 받아들여질 수 있게 말해달라고 다른 사람에게 부탁할 수도 있다.

• **영혼까지 챙겨서 출근한다** 우리가 더 진정성 있는 모습을 보이고, 자신의 빙산을 더 많이 드러내고, 영혼까지 챙겨서 출근하려고 한다면 주위 사람들도 그렇게 할 가능성이 더 커진다. 앞서 이야기했듯이 인종이나 젠더, 성적 지향, 배경에 관계 없이 누구나 커버링을 하려는 성향을 갖고 있다. 이는 우리를 계속해서 단절시키고, 인사이더와 아웃사이더라는 개념을 강화한다.

그리고 제1장에서 심리적 안전에 관해 이야기할 때 말했듯이 진정성 있는 모습은 우리를 해방시켜줄 뿐 아니라 다른 팀원이나 주위 사람들도 그렇게 할 수 있게 촉진한다. 우리가 나 자신을 표현할 용기를 낸다면 모두에게 그런 행동을 취하는 일이 더 안전하게 생각될 뿐 아니라 팀 전체가 더 포용적이고 소속감을 느끼기 쉬운 환경이 된다.

• **호기심과 열린 마음 자세를 가진다** 호기심에는 힘이 있다. 호기심이 있으면 열린 마음 자세가 되고, 기꺼이 새로운 것을 배우려고 하게 된다. 또 우리는 새로운 아이디어나 경험, 나와는 다른 사람들에게 매료되는데 기꺼이 호기심을 갖고 마음을 열면, 그들의 문화 및 배경에 관해 더 많은 것을 알 수 있다. 똑같은 것도 다르게 경험하는 그들만의 방식이 무엇인지 알게 되는 것이다.

나아가 호기심이 있으면, 훨씬 덜 방어적이 된다. 어색하거나 불편하더라도 존중을 담아 문화적 차이에 관해 상대에게 물어본다면 정말로 흥미롭고 중요한 대화의 창이 열릴 수도 있다. 그렇게 되면 새로운 것을 배우고, 성장하고, 교감할 수 있을 뿐 아니라 서로의 공통점을 찾을 수 있다. 마찬가지로 나의 배경이나 내가 가진 여러 측면을 솔직하게 이야기한다면 이런 문제에 관해 이야기하는 것도 더 쉬워질 것이다.

소속감을 키우기 위해 팀에서 할 수 있는 일

당신이 팀의 관리자이든 팀원이든 포용과 소속감의 문화를 키우기 위해 팀 차원에서 이야기를 나누고, 실천할 수 있는 구체적인 일들을 소개하면 아래와 같다.

• **다양성과 관련된 내 이야기를 팀원들과 공유한다** 누구나 다양성과 관련된 이야기가 하나쯤은 있다. 스스로 하나 이상의 소수 집단에 속한다고 생각하는 사람이라면 본인의 인종이나 젠더, 성적 지향 등 자신의 정체성이나 배경과 관련해 많은 일을 겪었을 것이다. 나처럼 소수 집단에 속하지 않는 사람들은 '이 부분에서 나는 할 얘기가 별로 없어'라고 생각하는 경우가 많다. 그렇지만 우리가 서로의 빙산을 (특히나 다양성, 포용, 소속감과 관련해서) 더 많이 보여줄 뜻이 있다면 누구나 남들과 공유할 수 있는 생각과 아이디어, 감정, 경험을 갖고 있다는 걸 알게 될 것이다. 살면서 누구나 소속감을 느끼지 못했던 경험이 있을 것이다. 이런 경험을 남들보다 더 많이, 어쩌면 아주 가슴 아프게 겪어본 사람들도 분명 있을 것이다. 그게 어떤 것이었든 이런 경험을 진실하게 꺼내놓을 수 있다면 서로 더 공감하고 이해할 수 있다.

팀원들과 함께 앞서 소개한 '나를 정말로 안다면…' 과제를 하면서 특히 다양성과 관련된 일화에 초점을 맞춰 진행해볼 수도 있을 것이다. 인종이나 젠더, 성적 지향 등과 관련해 나라는 사람은 어떤 경험과 감정을 갖고 있는지 진정성 있게 공유하면 된다.

• 서로를 향해 연민을 가진다 팀 차원에서 우리가 할 수 있는 가장 좋은 일 중에 하나는 서로를 향해 연민을 갖는 것이다. 일반적 연민도 좋고, 특히 포용 및 소속감과 관련된 연민도 좋다. 이런 이슈는 민감한 내용이고 많은 이의 가슴속 깊숙한 곳을 건드린다. 그래서 더욱 의미 있고 생산적인 방식으로 접근하거나 이야기를 나누기가 쉽지 않다. 그러나 연민을 갖고 이런 문제를 다루고, 자신이 상대방을 오해했을 가능성을 항상 열어둔다면 더 효과적으로 이들 문제에 접근할 수 있을 것이다.

• 민감한 문제에 관해 기꺼이 진정성 있게 이야기를 나눈다 팀 전체가 민감한 주제에 진정성 있게 접근할 의지가 있다면 서로 한층 더 가까워질 수 있다. 중요한 것은 대화만으로는 부족하고 행동을 해야 한다는 것이다. 여러 민감한 문제에 관해 진정성 있게 대화를 하면 의미 있는 행동이 가능해진다. 우리가 약한 모습까지 더 많이 보여주고 덜 방어적이 될 때 결국 진정한 포용과 소속감의 문화를 만들 수 있다.

• 함께 배워나간다 개인으로, 리더로 혹은 팀 전체로 보더라도

학습과 발전은 성공을 위해서 중요하다. 특히 다양성, 포용, 소속감과 관련해 이 문제를 함께 공부해나간다면 서로에게 귀를 기울이고, 서로를 통해서 배우고, (개인적으로도, 팀적으로도) 함께 성장하기에 더 안전한 환경이 조성될 것이다.

무의식적 편견을 비롯해 관련 주제에 관해 팀 전체가 교육을 받는 것도 반드시 필요하다. 다양성과 포용, 소속감에 관해 팀 전체가 계속해서 배울 수 있는 기회를 최대한 많이 만든다면 그 중요성을 더 깊이 이해하고 구현할 수 있을 것이다.

• **공통점을 찾는다** 제1장에서 이야기했던 것처럼, 빙산의 저 아랫 부분까지 내려가면 갈수록 우리는 서로 비슷한 부분이 더 많다. 다양성의 역설 중 하나는 사람들은 다들 겉으로는(외모, 출신은 물론 성격이나 관점까지도) 서로 굉장히 다른 것 같지만 실제로는 같은 인간으로서 공통점도 정말 많다는 사실이다.

우리는 누구나 기쁨과 고통, 사랑, 슬픔, 감사, 두려움, 행복, 분노 등의 감정을 경험한다. 우리는 누구나 사랑하는 사람, 아끼는 사람, 걱정하는 사람이 있다. 어린 시절 각자가 경험한 가정환경은 제각각이지만 종종 비슷한 점을 발견하게 되는 경우도 많다. 공통점을 찾는 데 집중한다면 소속감을 느낄 수 있는 방식으로 더 많이 교류하게 될 것이다. 소속감은 모든 사람에게 기본적이고 보편적인 것이다.

다양성과 포용, 소속감이라는 측면에서 팀이나 조직에 긍정적 영향을 미칠 수 있는 방식으로 바라보는 것은 쉬운 일은 아니다. 이런 것들은 혼란스럽고, 아프고, 좌절을 유발하거나 정서를 건드릴 수도 있다. 이런 이슈에 관해 이야기를 할 수 있다는 것은 설레는 일이기도 하지만, 내가 조사도 하며 이렇게 직접 집필해 보니 깨닫는 것도 많고 동시에 무섭기도 하다. 이처럼 중요하고 정서적인 주제를 다룰 때에는 우리가 서로를 향해 연민을 갖는 것도 반드시 필요하지만 자기 자신에게 연민을 갖는 것도 꼭 필요하다.

스스로에게 솔직하고, 서로에게 진실하고, (개인적으로나 팀적으로) 어렵지만 중요한 일들을 기꺼이 하려고 한다면 포용과 소속감이 넘치는 단단한 팀 문화를 조성할 수 있다. 그리고 이를 통해 모두가 번창할 수 있다. 그러려면 실제로 우리는 모두 한 배를 탔다는 사실을 반드시 기억해야 한다. 서문에서 말했듯이 '저들'이란 없다. 오직 '우리'가 있을 뿐이다.

제3장

기꺼이 어려운
대화를 나눠라

We're All in This Together

몇 년 전에 포트로더데일에서 뉴욕으로 가는 비행기를 탔을 때다. 나는 플로리다 남부에서 열린 두 행사에서 강연을 마치고, 미팅이 있어 뉴욕으로 가는 중이었다. 미팅이 끝나면 보스턴에서 열리는 또 다른 행사에 참석했다가 다시 플로리다로 돌아와 마지막 행사에 참석하고 집으로 돌아가야 하는 일정이었다. 말도 안되게 정신없는 일정이었지만 설레는 일주일이기도 했다. 나는 완전히 '출장 모드'였다. 다시 말해 좌우 옆이 눈에 들어오지 않는 '터널시야tunnel vision' 상태였다. 도착해야 할 곳에 도착하는 것, 그리고 강연을 위한 신체적 컨디션을 유지하는 것에만 온통 관심이 집중되어 있었다. 가능하면 비행기와 호텔방에서 최대한 많은 일을 보려고 했다.

그날 오후 사람들이 아직 계속 탑승 중인데도 나는 노트북을 열어 작업을 하고 있었다. 내가 통로 쪽에 앉아 있었기 때문에 창가와 중간 자리에 앉는 두 사람이 왔을 때 자리에서 일어나야 했고, 짧게 인사말을 건넸다. 두 사람은 일행이었는데 남자는 50대 중반쯤, 여자는 여든이 가까워 보여서 남자의 어머니려니 했다.

비행기가 이륙을 시작했고 나는 비행기가 10,000피트 상공에 도달할 때까지 잠시 컴퓨터를 내려놓아야 했다. 앞에 있는 생방송 TV 채널을 이리저리 돌려보다가 결국 CNN을 보기로 했다. 그날의 뉴스나 확인하자 싶었다. 비행기가 10,000피트 상공에 도달했고, 다시 노트북을 꺼내 일을 시작했다. 이메일도 확인해야 하고 내 팟캐스트의 최신 에피소드도 확인해야 해서 비행기 좌석 옆의 팔걸이에서 헤드폰을 꺼내 컴퓨터에 연결했다.

10분쯤 지났을 때 내 오른쪽 창가에 앉아 있던 남자가 내 앞에 있는 TV 화면을 가리키는 듯한 모습이 곁눈으로 보였다. 아직 CNN이 켜져 있었다. 나는 더 이상 TV에는 신경도 쓰지 않았고, 헤드폰은 노트북에 꽂혀 있었기 때문에 TV에서 무슨 소리가 나오는지 들리지도 않았다. 그때 남자가 말했다. "가짜 뉴스예요, 가짜 뉴스!" 남자가 나에게 말을 하는 것인지, 아니면 자신의 어머니에게 하는 소리인지, 그도 아니면 혼잣말을 좀 큰 소리로 하는 것인지 알 수가 없었다. 그래서 무시하고 하던 일을 계속했다. 그러자 남자가 다시 손짓을 했다. 이번에는 동작이 더 컸고, 더 큰 목소리로 말하며 화면을 가리켰다.

나는 하던 일을 멈추고 헤드폰을 벗었다. 그리고 남자를 바라보며 물었다. "저한테 하시는 말씀인가요?"

"네! CNN은 가짜 뉴스예요. 그냥 죄다 진보 진영의 선전, 선동이라고요."

나는 그의 강한 어투에 흠칫 놀랐다. 남자는 화가 난 듯했고, 나는 어떻게 대처해야 할지 감이 잡히지 않았다. 불안한 마음도 들었지만 한편으로는 흥미롭기도 했다. 남자와 어머니는 둘 다 폭스뉴스를 켜놓고 있었다. 내가 말했다. "두 분은 폭스뉴스를 보시네요."

"정직한 뉴스는 폭스밖에 없으니까요." 남자가 열을 올리며 말했다.

그 순간 내 앞에 선택지가 놓여 있다는 걸 알았다. 이 남자와 논쟁을 피해갈 수 있는 방법은 여러 가지였다. 나는 해야 할 일이 산더미였다. 그렇지만 심장이 요동쳤다. 겁이 났고 방어적인 기분도 들었지만 동시에 흥미롭기도 하고 호기심이 생겼다. 이 대화가 어떻게 흘러갈지, 무슨 일이 벌어질지 알고 싶었다. 그래서 이렇게 말했다. "제가 선생님이라면 조심할 것 같은데요. 지속적으로 폭스뉴스를 시청하는 사람들이 미국에서 가장 잘못된 정보를 전하는 뉴스를 본다는 연구 결과가 있더라고요." 짐작이 가겠지만, 남자가 좋아할 만한 말은 아니었다.

"아하, 선생도 자기가 제일 똑똑한 줄 아는, 그런 진보주의 엘

리트 양반이로구만."

거기서부터 시작이었다. 우리는 도널드 트럼프, 버락 오바마, 힐러리 클린턴, 이민 문제, 경제, 기후 변화, 군사 문제, 총기 문제, 치안 등 수많은 이슈에 관해 논쟁을 벌였다. 나는 침착함을 유지하며 방어적으로 굴지 않으려고 노력했지만 생각만큼 잘되지 않았다. 남자는 계속 인신공격을 해댔고, 논쟁은 과열됐다.

한 시간 전에는 알지도 못했던 남자와 이렇게 공격적인 토론을 벌이고 있다는 게 나로서는 좀 괴이하면서도 흥미로운 경험이었다. 안전을 걱정할 일은 전혀 없었지만 나는 그 상황이 불편하고 짜증스러워졌다. 그리고 "겁쟁이", "징징이", "눈송이^{snowflake}"(지나치게 예민한 사람이라는 뜻으로, 주로 보수파가 진보파를 깎아내릴 때 쓰는 표현 - 옮긴이) 하는 소리를 듣는 것도 별로 즐겁지 않았다.

대화가 과열되고 나는 결국 이렇게 말했다. "그만! 저기요. 보아하니 선생님과 저는 이런 이슈에 대해서는 근본적으로 다른 생각을 가진 게 분명하네요. 그렇지만 제가 걱정되는 건 여기서 우리가 이렇게, 비행기에서 처음 만났는데 선생님이 저에게 인신공격을 해대고 있다는 거예요. 정치에 관해서 의견이 다르다는 이유만으로요."

그런 다음 재빨리 화제를 바꿔서 그에게 질문했다. "자녀가 있나요?" 남자는 놀란 눈으로 나를 보며 말했다. "뭐라고요?"

"아이가 있으시냐고요." 나는 다시 물었다.

"네. 네 명이요." 남자가 말했다.

"우와." 내가 말했다. "멋지네요. 저는 딸이 둘이에요."

"저는 아들 둘에 딸 둘이죠." 남자가 말했다. "첫째가 올해 서른이고 나머지 애들은 모두 20대죠."

"그러면 저보다 자녀를 훨씬 오래 키우셨네요." 내가 말했다. "저는 가끔 '내가 우리 딸들을 망치고 있는 건 아닌가…' 걱정이 돼요. 노력하고 있는데도 아빠로서 잘하고 있는지 잘 모르겠더라고요." 그리고 남자에게 물었다. "혹시 이런 걱정하시나요? 아니면 애들이 어릴 때 해보신 적 있나요?"

남자는 가만히 나를 바라보았다. 그의 표정이 바뀌어 있었다. 그리고 처음에는 답을 하지 않다가 마침내 이렇게 말했다. "당연하죠. 제 생각에는 아마 부모라면 누구나 그렇게 느낄 때가 있을 걸요."

"말씀하신 대로겠죠." 내가 말했다. "다른 아버지들처럼 저도 최선을 다하려고 하고, 내 생각이나 결정, 행동이 옳다고 생각해요. 이런 큰 정치적 이슈 같은 것은 의견이 확고한 편이긴 하지만 정작 내가 해결책을 알고 있나 생각해보면 그건 또 모르겠고요. 어떤 문제들은 제가 이해할 수 있는 것보다 훨씬 크고 복잡한 해답이 필요할지도 모르겠어요."

이쯤에서 남자의 표정을 보니 그는 나를 약간 미친 사람으로 생각하는 듯했다. 하지만 그의 두 눈에는 내가 하는 말이 뭔지 알겠다는 듯한 약간의 인정도 보였다. 남자가 말했다. "뭐, 그럴 수도 있겠죠."

우리는 둘 다 허탈한 웃음을 터뜨렸고 어색한 침묵이 잠깐 흘렀다. 거의 45분에 걸친 싸움은 그렇게 끝이 났다. 나는 다시 노트북 작업으로 돌아갔고, 남자는 어머니와 담소를 나누었다.

심장박동수가 정상으로 돌아올 때쯤 방금 있었던 열띤 대화를 다시 떠올리다 몇 가지 생각이 스쳤다. 첫째, 우리 둘 중에 '무엇 하나라도' 상대방을 설득해낸 사람이 있을까 싶었다. 나는 남자의 생각이나 정치관에 동의해서 물러난 것이 아니었고, 그건 아마 그도 마찬가지일 것이다. 하지만 남자의 출발점이 어디이고, 그가 왜 미디어나 이 나라, 혹은 정치 상황에 대해 분노와 두려움, 좌절을 느꼈는지 조금은 알게 됐다. 그리고 이를 통해 실제로 여러 가지를 깨달았다. 나보다 열 살이 많은 이 남자는 네 아이의 아버지로 롱아일랜드에서 소방관으로 재직 중이었다. 그리고 나와는 '아주' 다른 배경과 세계관을 갖고 있었다. 둘째, 내가 독단적이고 방어적인 태도를 취하고 있을 때는 어떤 방식으로도 이 남자의 말을 이해하거나 그와 교감하기가 힘들었다. 그런데 자녀 이야기를 나누게 되자 속내를 털어놓게 됐고 대화는 더 진실해졌다. 빙산의 저 아래쪽에서 이 남자와 나의 공통점을 찾아낼 수가 있었다. 한 순간에 불과했을지도 모르지만, 우리는 서로 교감했다. 인간 대 인간으로, 아버지 대 아버지로 말이다. 그 순간 나는 옆에 앉은 이 남자에 대해 더 많은 이해와 공감, 연민을 느꼈다. 상당히 중요한 몇몇 이슈에 대해 근본적으로 다른 의견을 갖고 있었는데도 말이다.

비행기에서의 이 상황은 좀 괴이하고, 불편하고, 극단적이었다. 나는 보통 비행기를 타거나 처음 만난 사람과 말문을 틀 때 이런 대화를 나누지는 않는다. 물론 이 대화는 무슨 일이 벌어지나 보고 싶어서 순전히 호기심 때문에 내가 선택한 대화였다. 약간은 무섭고 어색하게 흘러갔지만 말이다. 비행기에서 정치 문제로 논쟁을 벌이는 게 그리 생산적인 일도 아니고, 평소 만나는 사람들과 일상적으로 하고 싶은 대화는 더더욱 아닐지도 모른다. 특히나 직장에서 팀원들과 함께라면 말이다. 하지만 반대로 우리가 껄끄럽지만 중요한 대화를 '일부러' 나누지 않아서 어떤 상황이 발생하는 경우도 수없이 많다.

그런 맥락에서 나의 멘토 중 한 분이 오래전에 해준 말이 있다. 평소 자주 생각하고 또 많이 인용하는 말이다. "마이크, 자네가 사람들이랑 정말로 관계를 맺으려면 어떻게 해야 하는지 아나? 자네가 겁나서 도저히 못 하고 있는, 까다롭고 어렵게 생각하는 그 대화를 10분 정도 나누면 돼. 그 어려운 10분짜리 대화를 잘하게 되면 그때부터는 끝내주는 인간관계들이 생길 거야. 갈등이 해결되고, 신뢰가 쌓이고, 뭐든 이겨낼 수 있게 될 거야." 그는 말했다. "자네와는 전혀 다른 사람들에 대해 알게 되는 계기가 될 거야. 해결해야 하는 중요한 이슈에 관해 이야기를 나눌 수 있게 되고 말이야. 또 피드백을 주고받을 수 있게 될 테고. 피드백은 모든 사람의 성장과 성공에 반드시 필요하지. 그렇지만 대부분의 사람이 그렇듯이, 어렵고 불편하다는 이유로 그런 대화를 피하게 되면 자네는 만날 피해자가 될 거야. 자네가 누구를 만나고, 누구와 일하고, 누구랑 같이 살든 상관없이 말이야."

정확한 지적이었다. 민감한 주제에 관한 이야기, 중요한 논쟁이나 의견 충돌, 꼭 필요하지만 껄끄러운 피드백 주고받기 혹은 이 중 몇 가지가 중첩되었을 때 우리는 '어려운 대화'를 나누게 된다. 그리고 팀 차원에서 이런 대화를 효과적으로 나눌 수 있느냐여부는 팀의 성과와 상호 신뢰, 조직문화를 결정짓는다고 해도 과언이 아니다.

《갈등의 역설The Conflict Paradox》을 쓴 버니 마이어Bernie Mayer 박사는 크레이턴대학교 베르너연구소에서 '갈등 해결'을 강의한다. 그는 팀이 최고의 성과를 내려면 건강한 의견 충돌이 반드시 필요하다고 말한다. "정말로 효과적인 팀이나 유닛, 조직을 만들고 싶다면 구성원들에게 그만한 힘을 실어주어야 합니다. 중간에 문제가 발생하더라도 대처할 수 있어야 하고, 난관을 직시하고, 전략이 먹혀들지 않거나 실행 불가능하다고 판단되면 그 사실을 인정하고 수정할 수 있어야 합니다. 고전하는 사람이 있으면 도와주고, 힘든 과제에 수반되는 불가피한 긴장과 갈등을 감당하고, 그 힘든 과제 앞에서도 긍정적인 태도를 유지할 수 있어야 하죠." 그는 갈등을 직접적으로 해결하지 않으면 "문제는 곪아터지고, 중요한 시각이 묻히고, 효과적인 소통이 이뤄지지 못해요."라고 덧붙인다.

당신이 대화에 실패하는 이유

어려운 대화를 적극 환영하는 자세는 개인이나 팀이 성공하는 데 기본 요건이지만 말처럼 쉬운 것은 아니다. 이런 대화가 어려운 이유는 사회적 기준이나 업무 환경과도 관련된 경우가 많다. 또 어릴 때 받은 교육이나 각 가정의 분위기가 영향을 미치기도 한다. 이렇게 중요한 논의를 성공적으로 나누기 힘들게 만드는 요소를 몇 가지 소개하면 아래와 같다.

- **안전한 느낌이 들지 않는다** 민감한 주제에 관해 이야기를 나누고, 논쟁을 벌이거나 반대 의견을 피력하고, 효과적으로 피드백을 교환하려면 신뢰와 안전, 소속감이 필요하다. 우리가 제1장에서는 신뢰와 심리적 안전을, 제2장에서는 포용과 소속감을 다룬 것은 이 요소들이 튼튼한 인간관계와 팀의 바탕이기 때문이다. 이런 바탕이 없다면 중요한 문제에 관해 이야기를 나누는 것이 힘들 뿐 아니라 어떤 경우에는 거의 불가능하다.

안전한 느낌이 들지 않으면 온통 나 자신을 보호하는 데 집중하기 때문에 다른 팀원이나 리더와 터놓고 이야기하기가 더욱더 힘들어진다. 목소리를 냈다는 이유로 조롱이나 망신을 당하거나 (글자 그대로 혹은 비유적으로) 내쫓기거나 부정적인 응징이 있을까봐 걱정해야 한다면 차라리 입을 다물게 될 것이다. 아니면 해당 이슈를 그냥 뒷담화처럼 남들에게 이야기할 것이다. 낯 깎이는 상황을 피하고 (실제로든, 느낌상으로든) 나에게 해가 미치지 않도록 말이다. 안전하다는 느낌이 들지 않으면 껄끄러운 대화를 직접적으로 시도하기는 매우 어렵다.

- **어려운 대화를 누구나 잘하는 것은 아니다** 대부분의 사람은 어려운 대화를 나누는 일과 관련해 전문적인 교육을 받았거나 경험이 많지도 않다. 심지어 이런 유형의 논의를 성공적으로 나눈다는 게 어떤 것인지조차 제대로 알지 못한다. 이런 대화는 어색할 수

있기 때문에 대화 자체를 피하려는 경향이 있고, 이 부분의 능력을 발달시키려고 특별한 노력을 하지도 않는다. 어쩔 수 없이 어려운 대화를 해야 하는 상황이 되면 어떻게든 대화를 '무사히' 마치는 데 초점을 둔다. 보통은 스스로 이런 대화에 능숙하지 않다고 생각하며 실제로도 그런 경우가 많다. 두렵고 불편하고 어려우니 피하게 되고, 피하니까 실력이 늘지도 않고 자신감도 생기지 않는다. 말하자면 악순환이다. 우리가 개발하고 사용할 수 있는 구체적인 기술이나 요령도 몇 가지 있지만, 사실 이런 껄끄러운 대화를 잘하는 것은 능력이라기보다는 용기의 문제다. 어려운 대화는 의지를 가지고 많이 해볼수록 더 잘하게 된다.

• 남에게 상처를 주거나 상처받고 싶지 않다 어려운 대화를 선뜻 시도하지 못하는 이유를 물어보았을 때 가장 자주 듣는 답 중에 하나가 "다른 사람의 감정을 다치게 하고 싶지 않아서요."이다. 나를 포함해 대부분의 사람이 그렇게 생각한다.

목소리를 내고, 진실을 이야기하고, 구체적인 피드백을 주어서 실제로 누군가의 감정을 상하게 했던 경험이 다들 있을 것이다. 그렇지만 오래전에 깨달은 사실이 하나 있다. 타인의 감정이 다치는 건 당연히 좋지 않지만 종종 우리는 자신의 감정이 다칠까를 더 많이 걱정한다는 사실이다. "다른 사람의 감정을 다치게 하고 싶지 않아요."라고 말하면 듣기에는 좋다. 하지만 실제로 마주

하기 싫은 것은 다른 사람이 '나에게' 화를 내는 상황이다. 종종 이 두려움 때문에 우리는 피드백이나 의견, 꼭 나눠야 할 대화를 주저하고, 회피하고, 희석시킨다.

그리고 이럴 때 타인에게 상처주지 않는 것에 초점을 맞추면, 물론 그 안에 어떤 친절이나 걱정도 있을 수 있지만, 상황을 온전히 내가 책임지기보다는 상대에게 책임을 씌우기 쉽다. 속으로 이렇게 생각하는 것이다. '나는 완전히 터놓고 직접적으로, 진정성 있게 이야기하고 싶지만 저들이 워낙에 예민하니까 나도 어쩔 수가 없어.'

• **상황이 악화되는 게 싫다** 어려운 대화가 잘 안 될 수도 있다. 갈등이 있을 때 대화로 잘 해결해보려다가 오히려 문제가 불거지고 직접적으로 이야기한 게 상황을 악화시킨 경험이 누구나 있을 것이다. 따라서 불난 집에 부채질하게 될까봐 선뜻 나서지 못하는 것도 충분히 이해가 간다.

우리의 뇌 구조와 신경 체계 구조상 긍정적인 경험보다는 부정적 경험이 훨씬 더 오래 기억에 남는다(뇌에 있는 편도체는 자기 보호와 생존을 위해서 고통스러운 기억은 따로 저장해둔다). 그러니 우리가 나서고 싶지 않은 데에는 정서적 이유 말고 '신체적' 이유도 있는 셈이다. 직접적으로 이야기하면 상황이 악화될까봐 아예 얘기를 꺼내지 않거나 당사자가 아닌 다른 사람에게 말할 가능성이 높은데 역설적이게도 대부분의 경우에는 그렇게 하면 정말로 상황이 악화된다.

 • **문화적 차이가 있다** 상당한 배경의 차이(특히 인종, 출신 민족, 젠더, 종교, 나이, 성적 지향, 언어)로 이런 유형의 대화를 효과적으로 나누는 게 어려울 수 있다. 배경이 비슷하다고 해도 어릴 때 가정 분위기나 이전 직장의 문화 등이 영향을 줄 수도 있다.

아내 미셸과 나는 불과 1시간 거리에서 어린 시절을 보냈다. 나는 오클랜드에서 컸고, 아내는 샌프란시스코베이 반대편에 위치한 마린 카운티의 노바토에서 성장했다. 우리는 둘 다 백인이고 (내 조상은 주로 아일랜드와 우크라이나 출신이고, 아내의 조상은 주로 프랑스와 아일랜드, 영국 출신이다) 나이 차이도 얼마 나지 않는다. 그런데도 우리는 소통 방식이 서로 다른데, 여기에는 가족 분위기가 사뭇 달랐던 영향이 있다. 2000년 말, 미셸과 데이트를 시작하고 몇 달 되지 않았을 때 이 사실을 구체적으로 깨닫게 된 사건이 하나 있었다.

미셸은 샌 앤젤모에 있는 할머니 집으로 나를 저녁식사에 초대했다. 샌 엔젤모는 역시나 마린 카운티에 있는, 샌프란시스코 북쪽 지역인 노바토의 남쪽에 위치한 도시다. 모두가 그래미타 Gramita라고 부르는 미셸의 할머니는 온 가족의 중심이었다. 할머니는 지금은 고인이 된 남편과 함께 1940년대에 캘리포니아로

이주할 때 샀던 그 집에 그대로 살고 계셨다. 나는 이 집에 초대를 받은 것이 설레기도 하고 감사하기도 했다. 그리고 당연히 약간은 긴장도 됐다. 처음 몇 개월 동안 나는 미셸의 아버지 제리와 남동생 스티브를 각각 만났지만 그래미타를 비롯한 다른 가족은 아직 만나본 적이 없었다.

그날 저녁 나는 할머니댁에 도착해서 온 가족을 소개받았다. 모두 친절하고 상냥한 분들이었고, 나를 반겨주시는 듯했다. 그래서 도착한 이후에는 긴장이 많이 풀렸다. 당연히 좋은 인상을 주고 싶었고, 미셸의 가족들이 나를 좋아했으면 했다. 식사하는 내내 온갖 이야기를 늘어놓았고, 가족들이 조금 조용하다 싶었지만 전체적으로 잘 지나갔다고 생각했다. 미셸의 가족들을 만나 즐거웠고, 성공적인 저녁식사였다고 생각했다.

다시 샌프란시스코로 돌아오기 위해서 차에 올랐을 때 나는 미셸의 생각이 궁금했다. 정확히 말하면 그녀의 가족들을 처음 만난 내가 잘 해낸 것인지 궁금했다.

내가 물었다. "자, 그래, 어땠던 거 같아?"

미셸은 잠시 말이 없더니 이렇게 대답했다. "자기 생각은 어떤데?"

나는 미셸의 답이 좀 이상하다고 생각했다. 약간 긴장해서 이렇게 말했다. "잘 지나간 것 같은데. 다들 좋은 분이셨어. 하지만 말수가 그렇게 많은 것 같지는 않더라."

그러자 미셸이 말했다. "알아. 자기가 계속해서 말하고 있었으니까."

"뭐?" 나는 미셸의 답에 깜짝 놀라서 말했다.

"우리 식구들은 다른 사람이 말하고 있을 때는 끼어들지 않아." 미셸이 말했다.

"우와, 세상에." 내가 대답했다. "우리 식구들은 중간에 끼어들지 않으면 한마디도 할 수가 없어."

초조하고 좋은 인상을 남기고 싶은 마음에 내가 말을 너무 많이 한 모양이었다. 다른 사람이 말할 때 끼어들지 않을 만큼 예의바른 분들이라 그냥 내가 얘기하는 대로 내버려둔 것인데, 하필 나는 말하는 걸 좋아하는 사람이었던 것이다. 걱정도 되고, 불안하고, 좋은 인상을 주고 싶은 욕심에 내가 상황 파악을 제대로 못한 듯했다. 아무도 말리거나 끼어들지 않으니 그냥 계속 혼자 떠들었던 것이다.

지금은 웃으면서 이야기하지만, 당시의 나에게는 중요한 교훈이었다. 미셸의 가족에 대해 교훈을 얻었을 뿐 아니라 늘 염두에 두어야 할 또 다른 중요한 교훈을 얻었다. 우리 두 사람은 생긴 것도 비슷하고 인접한 곳에서 자랐는데도 가족 문화는 상당히 달랐다. 사람들의 소통 방식, 특히나 어려운 대화를 나누는 방식은 성격이나 배경, 문화 등에 따라 달라질 수 있다.

지금까지 직장에서 혹은 팀에서 껄끄럽지만 중요한 대화를 효과적으로 나누기 어렵게 만드는 핵심 요인 몇 가지를 살펴보았다. 앞서 제1, 2장에서 이야기했듯이 무언가를 할 때 어렵게 만드는 요소들을 짚고 넘어가는 것은 당신에게 핑계를 만들어주기 위해서가 아니다. 방해가 될 수 있는 요소를 이해하고, 인정하고, 온전히 책임짐으로써 의식적으로 어려운 일들을 '넘어서기' 위해서임을 잊어서는 안 된다.

갈등의 재발견

갈등에 효과적으로 대처하는 능력을 기르는 일이 그리 쉽거나 재밌진 않을 수도 있다. 하지만 이는 개인적으로나 팀으로서 훌륭한 성과를 내기 위한 기초다. 이 주제에 관해 여러 리더나 팀, 사람들 앞에서 강연을 할 때 나는 종종 이렇게 물어본다. "'갈등'이라는 단어를 들으면 어떤 생각이 드세요?"

그러면 "다툼, 말싸움, 의견 불일치, 논쟁, 분노" 등과 같은 답이 나온다. 내가 비행기에서 만난 남자와 겪었던 그런 시나리오를 떠올리는 듯하다.

그렇지만 내가 "갈등을 잘 해결하면 어떤 일이 가능해질까요?" 라고 물어보면 "새로운 아이디어, 더 많은 신뢰, 문제에 대한 해결책, 이해, 교감" 같은 답들이 자주 나온다.

갈등을 좋아하는 사람은 별로 없지만 갈등이라는 가치가 귀중하고 중요하다는 사실은 다들 안다. 특히나 팀과 일에 미치는 영향을 고려하고, 튼튼한 조직문화를 만들어 최고의 성과를 내고 싶다면 말이다. 갈등이 어려워지는 것은 사실 갈등 그 자체보다는 갈등을 다루는 방식이나 우리의 '두려움'이 문제다.

캘리포니아대학교 버클리 캠퍼스 노동고용연구소Institute for Research on Labor and Employment에서 실시한 비교문화 연구에 따르면 갈등은 팀 성공의 기초이자 촉진제라고 한다. 껄끄러운 대화를 효과적으로 해낼 수 있는 팀은 경쟁사에 비해 상당한 우위에 선다. 더 좋은 아이디어를 내고, 더 창의적이며, 더 많은 혁신을 이룰 수 있다.

어려운 대화를 나누고(당연히 10분 이상 걸릴 때도 있다) 갈등에 직접 참여하려면 분명히 용기가 필요하다. 이는 나를 공격받기 쉬운 위치로 만들 뿐 아니라 여러 가지 이유로 겁낼 만한 일이다. 그러나 가장 위협받는 것은 '자존심'이다. 대부분의 사람은, 비록 어떠한 보장이 없더라도, 갈등을 피하기보다는 직접적으로 해결하는 게 더 낫다는 사실을 경험으로 알고 있다. 회피하면 흔히 곪아터져서 더 악화되기 때문이다. 또한 이런 유형의 대화를 꺼리면 결국에는 나 자신에게도, 인간관계에도 그리고 팀에도 위험을 무릅쓰고 해결에 나선 것보다 오히려 더 큰 손해가 된다는 사실도 알고 있다.

이처럼 갈등을 건강하게 받아들이는 것은 개인적으로도, 팀적으로도 중요한 일이다. 성공에 꼭 필요한 해결책이나 아이디어, 결과를 도출하는 데 필수적이기 때문이다. 리더의 위치에 있는 사람이라면 효과적으로 갈등을 다루는 것은 단순히 팀 성과뿐만 아니라 조직문화 전체에 중대한 영향을 끼친다는 사실을 알아야 한다.

함께 있을 때는 나뉘어도, 떨어져 있을 때는 하나로

댄 헹클Dan Henkle은 의류회사 갭에서 25년을 일했다. 그는 HR 및 글로벌 지속성 부문에서 다양한 직책을 수행하고, 갭 재단Gap

Foundation의 회장으로 있다가 2017년 회사를 떠났다. 댄과 나는 여러 번 함께 작업할 기회가 있었는데 그때마다 리더십과 조직문화에 대한 댄의 세심한 접근법에 깊은 인상을 받았다. 댄은 갭 내에서 가장 크고 성공한 브랜드인 올드네이비Old Navy의 HR팀 수석 부사장을 맡은 적이 있다.

당시 그는 내게 이렇게 말했다. "올드네이비의 회장님이 회사를 갑작스럽게 떠나게 됐어요. 회사에서는 그 자리에 임시로 한 명을 앉히느니 제대로 된 후임자를 찾을 때까지 저를 포함한 경영진 네 명이서 공동으로 브랜드를 운영하며 갭 총괄 CEO에게 직보하는 체제로 가자고 결정을 내렸어요. 상상이 가시겠지만, 기대가 되기도 하면서도 어려운 일이었죠. 저희는 즉각 깨달았어요. 우리 네 명끼리도 소통을 잘 해야 하고, 올드네이비의 나머지 리더나 직원들과도 소통이 잘 되어야만 올드네이비가 성공할 수 있다는 걸 말이죠."

댄은 말을 이었다. "저희는 바로 약속을 했어요. 우리가 한자리에 있을 때는 기꺼이 편이 나뉘어도 되지만, 떨어져 있을 때는 오히려 하나가 되자고 말이에요. 그러니까 회의실에서 다 함께 만났을 때는 눈치볼 것 없이 서로 주장을 내세우고, 논쟁을 벌이고, 하나하나 끝장을 볼 때까지 토론해도 돼요. 하지만 회의가 끝나서 일단 그 방을 나오게 되면 우리는 한 목소리를 내고 공동 전선을 펼치는 겁니다. 당시에는 전반적으로 상황이 불확실했어요. 뭐가 어떻게 되는 건지, 새 회장님은 언제 오시는지 다들 궁금해했죠. 그런 상황에서 우리가 중심을 잡지 못하면, 각자 다른 방향으로 이리저리 끌려다닐 거라는 걸 알고 있었어요. 어려움도 있었지만, 저는 저희가 꽤 잘 해냈다고 생각해요. 함께 있을 때는 나뉘더라도 떨어져 있을 때는 하나가 되자는 약속을 잘 지켰기에 그런 과도기에 브랜드를 성공적으로 이끌 수 있었던 거죠."

이 아이디어는 댄이나 올드네이비의 나머지 리더들에게도 꼭 필요한 것이었지만, 실은 '모든' 팀에 적용될 수 있는 중요한 접근법이다. 피해갈 수 없는 어려운 대화에 참여할 용기와 의지와 능력이 있고, 그에 따라 직접적이고 생산적인 방식으로 그런 대화를 나눌 수 있다면 서로 더 가까워질 수 있다. 또한 중대한 문제들에 대해 혁신적인 솔루션을 도출할 수 있다. 그 어느 팀이나 개인도 희생시키지 않겠다는 각오로 회의실 안에서는 열정적으로 대화를 나누고, 마지막에는 조율된 의견을 갖고 회의실을 떠날 수 있다면 팀의 성과도, 신뢰도, 조직문화도 더 튼튼해질 것이다. 나머지 조직에도 모범이 될 수 있음은 물론이다.

피할 수 없는 갈등에 대처하는 법

갈등은 팀의 문화나 성과에 중요하지만, 갈등에도 건강한 방식과 그렇지 못한 방식이 있다. 팀 내에 심리적 안전과 포용, 소속감을 확보했다면 건강한 토론과 의견 충돌이 일어나기 쉬운 문화가 조성되었을 것이다. 그렇다면 이제 '의도적으로' 감성 지능과 사회 지능을 이용해 생산적인 방식의 어려운 대화를 나눠야 한다.

일대일이든, 소규모 그룹이든 혹은 팀 전체에서든 갈등이나 의견 충돌 상황에 대처할 때 기억해야 할 일곱 가지 사항이 있다.

1. 책임을 져라 누구 잘못인지 찾아내고 지목하는 게 중요한 게 아니다. 상황에 대해 책임의식을 가지고 나도 문제의 일부임을 인식해야 한다. 진정성 있고 건강한 방식으로 내 감정과 반응을 인정해야 한다.

2. 갈등을 직접적으로 다뤄라 갈등은 언제나 직접적이고 즉각적으로 대처하는 게 최선이다. 의견이 일치하지 않는 사람이 있거나 해결해야 할 이슈가 있다면 진실하게 털어놓되 최대한 빨리 접근하라. 곪아터지도록 내버려두지 마라.

3. 먼저 이해하려고 하라 힘든 일일 수도 있지만, 어떤 상황이 되

었든 갈등에 접근하는 가장 좋은 방법은 최대한 이해심과 공감을 가지고 상대의 이야기를 들어주는 것이다. 화가 나거나 방어적인 기분이 들 때조차 말이다. 상대의 입장을 이해할 수 있다면 그에 동의하지는 못하더라도 해결책을 찾아낼 가능성이 크다.

4. '나는'이라는 말로 시작하라 만약 상대가 무슨 말이나 행동을 해서 내가 반응을 보인다면 그 반응은 진짜다. 하지만 내가 누군가를 평가하고, 일반화하고, 비난한다면 그건 내용적으로 사실도 아닐뿐더러(그저 내 '의견'에 불과하다) 상대에게도 방어적인 반응을 유발할 가능성이 크다(왜냐하면 이런 시나리오에서는 보통 우리가 독선적일 것이기 때문이다). 내 의견은 일부일 뿐이라는 것을 인정해야 하고, 그게 진리인 것처럼 말해서는 안 된다. 말할 때 "나는….."이라는 말로 시작하면 진정성 있고 책임감 있게 말할 수 있을 뿐 아니라 (이상적으로는) 상대에 대한 비난이나 비판을 피해갈 수 있다. "나는 좌절감을 느끼고 있어."라고 말하는 것과 "네가 나를 좌절시키고 있어."라고 말하는 것은 천지차이다.

5. '윈윈 게임'을 추구하라 진정성 있게 갈등을 해결할 수 있는 유일한 방법은 관련된 모든 사람에게 윈윈win-win이 되게 하는 수밖에 없다. 모든 사람이 각자 바라던 걸 모두 얻어야 한다는 얘기가 아니다. 모든 사람이 할 말을 하고, 존중받고, 경청되어야 한다는 뜻이다. 그리고 가능한 경우에는 모두가 힘을 얻고 협력할 수 있

게 타협하면 좋을 것이다.

6. 감사를 표하라 일대일 대화든, 소규모 인원이 모여 있든 아니면 팀 전체 논의든 간에 갈등을 효과적으로 풀기 위해서는 감사가 필수다. 나와는 다른 의견이라고 하더라도 기꺼이 의견을 내준 상대에게 감사하라. 용기를 내서 진심을 말해준 것에 감사하라. 감사가 '동의'를 뜻하는 것은 아니다. 다만 껄끄러운 대화를 나누려고 상대가 '마음을 내준' 것은 용기 있는 행동이므로 이를 충분히 인정하고 감사하라.

7. 도움을 받고 연민을 가져라 갈등은 두려움을 불러일으키거나 상처받기 쉬운 내면의 깊은 불안을 건드리는 경우가 많다. 따라서 (반드시 같은 의견을 갖고 있지 않더라도) 건강하고 책임감 있는 방식으로 문제 해결을 도와줄 수 있는 사람들에게 진정한 도움을 청하는 것이 매우 중요하다. 또한 어려운 대화를 나누려고 할 때에는 나 자신과 남들에게 연민을 가져야 한다. 이런 대화는 보통 쉽거나 재미있지 않다. 그러나 개인적으로도, 두 사람의 관계를 위해서도, 또 팀의 성공을 위해서도 반드시 필요하다.

진정한 피드백이란

팀 내에서 이뤄져야 할 가장 중요한 대화 중 하나는 상호 간 주고 받는 피드백이다. 피드백은 보통 관리자와 직원 사이에 이뤄지지 만 훌륭한 팀들을 보면 동료들 사이에서도 피드백을 주고받을 뿐 아니라 관리자와 직원 사이에서도 피드백이 여러 차례 오간다. 대부분의 사람에게 피드백은 아주 까다롭고 민감할 수 있다는 사 실을 반드시 기억해야 한다.

내가 마크 매런의 팟캐스트에서 들었던 또 다른 근사한 인터뷰 중에 브래들리 휫퍼드Bradley Whitford 편이 있다. 브래들리는 35년간 브로드웨이와 TV, 영화를 오가며 활동한 배우다. 그는 내가 가장 좋아했던 TV 프로그램 중 하나인 〈웨스트 윙The West Wing〉에서 조 시 라이먼 역할을 연기하기도 했다. 마크 매런과 이야기를 나누 다가 브래들리는 감독들로부터 피드백을 받았을 때 자신이 어떤 반응을 보이는지 설명하며 이렇게 말했다. "솔직히 말하면 감독 이 저한테 뭐라고 한마디라도 했을 때 제 머릿속에서는 이 문장 들이 차례로 지나갑니다. '꺼져. / 난 형편없어. / 알겠어, 뭐가 문 제인데?' 그리고 정말이지 모든 배우가 이렇게 반응할 거라고 생 각해요."

이 부분을 듣다가 나는 웃음이 터졌다. 배우 일을 하지 않아도 그의 반응에 전적으로 공감이 갔다. 특히 아주 중요한 문제에 관해 피드백을 받았을 때를 떠올리면 정말로 그랬다. 내가 쓴 글이라든가 강연, 자녀 문제, 내 몸매, 금전 문제, 부부 생활, 건강, 비즈니스 같은 문제 말이다.

리더로서, 팀원으로서, 또 한 인간으로서 피드백을 받는 사람은 누구나 속으로 저런 생각이 떠오른다는 사실을 잊지 않아야 한다. 그리고 상대가 내 피드백을 잘 받아들이기를 바란다면 저 마지막 문장 '알겠어, 뭐가 문제인데?'까지 도달할 수 있게 최선을 다해서 노력해야 한다. 진정한 성장은 바로 그때 일어나기 때문이다.

만약 주위 사람들이나 우리 자신이 첫 번째 반응인 '꺼져'에서 더 이상 나아가지 못한다면, 즉 방어적인 태도로 끝나 버린다면 피드백에 담긴 지혜나 가치는 결코 살릴 수 없을 테고, 두 사람의 관계마저 해칠 수 있다. 만약 두 번째 반응인 '난 형편없어'에서 더 나아가지 못한다면, 스스로를 비난하고 아쉬워하고 결국은 열등감과 무력감에 빠질 것이다. 이렇게 되면 그 피드백은 아무런 가치를 갖지 못한다. 이는 또한 자존감에도 부정적인 영향을 끼치고, 나아가 원망이나 자기방어적인 감정을 남길 수도 있다.

피드백을 주고받는 것이 대다수 사람들에게는 어려운 일일 수 있지만, 개인이나 팀이 성공하기 위해 피드백은 중요하고도 꼭 필요한 부분이다. 오피스바이브^{Officevibe}가 전 세계 기업 실적에 대한 광범위한 조사를 바탕으로 보고한 내용에 따르면 정기적으로 직원 피드백 프로그램을 실시하는 기업은 이직률이 14.9퍼센트 낮다고 한다. 또한 피드백이 적거나 전혀 없을 경우 열 명 중 네 명은 적극적으로 일에서 관심이 떠나고, 직원들의 65퍼센트는 더 많은 피드백을 바란다고 한다.

성장 마인드셋 vs. 고정 마인드셋

피드백을 받았을 때 방어적인 태도와 자기 비난을 넘어서기 위해서는 '성장 마인드셋^{growth mindset}'이 필요하다. 성장 마인드셋이라는 개념을 처음 고안한 사람은 스탠퍼드대학교의 심리학 교수 캐럴 드웩^{Carol Dweck}이다. 학습, 성취, 성공을 수십 년간 연구한 드웩에 따르면 누구나 마음가짐^{mindset}, 즉 '나 자신에 대한 지각'이 있다고 한다. 마음가짐은 새로운 기술을 배우고 습득하는 능력뿐 아니라 인간관계, 직업적 성공, 변화를 극복하는 능력, 회복력 등 일과 삶의 중요한 여러 측면에 커다란 영향을 미친다. 드웩이 개발한 중요한 구분 중에 하나는 '고정 마인드셋fixed mindset'과 '성장 마인드셋'의 차이다.

고정 마인드셋을 가진 사람은 재능이나 지능과 같은 기본적 자질을 고정된 특질이라고 생각한다. 그래서 재능과 지능을 '개발'하는 대신 '기록'하며 시간을 보낸다. 이들은 또한 노력이 없어도 타고난 재능만으로 성공이 만들어진다고 생각한다. 반면에 성장 마인드셋을 가진 사람은 지극히 기초적인 능력도 집중적 노력을 통해 개발할 수 있다고 믿는다. 두뇌와 재능은 그저 출발점에 불과하다고 생각한다. 이런 관점을 가진 사람은 배움을 좋아하고, 끊임없이 피드백을 바라며, 성장에 꼭 필요한 회복력을 가질 수 있다. 모두 큰일을 해내는 데 필수적인 것들이다.

개인이 성장 마인드셋을 갖추거나 팀이 학습, 성장, 발전에 초점을 맞춘 팀 문화를 만들면 일어나는 모든 일, 특히 피드백까지도 발전하고 진화할 기회로 보게 된다. 팀원들의 피드백이 도움되는 것임을 알고 그 피드백을 활용하면 방어적이거나 자기 비난적인 태도에 빠지지 않을 수 있다.

피드백을 주는 사람이 결코 내 감정을 상하게 하거나 나를 공격하려는 게 아님을 기억하라. 그러면 더 쉽게 성장 마인드셋으로 옮겨갈 수 있고, '알겠어, 뭐가 문제인데?' 단계에 더 빨리 도달할 수 있다.

피드백을 받아들이는 능력을 효과적으로 향상시키는 한 가지 방법은 주도적으로 피드백을 요청하는 것이다. 이는 또한 성장 마인드셋 훈련을 할 수 있는 훌륭한 방법이기도 하다. 피드백을 받는 것은 발전과 성공에 필수적이다. 기꺼이 피드백을 요청하고 잘 받아들일수록 더 많은 피드백을 받을 수 있고, 내 것으로 더 잘 만들 수 있다. 이는 또한 주위 사람들에게도 성장 마인드셋이 어떤 것인지 보여주어 피드백을 팀이나 조직문화의 표준으로 만들 수 있다. 그리고 자발적으로 피드백을 요청하면 다른 사람의 의견을 받을 때 방어적이 되거나 자기 비난적인 태도를 취할 가능성이 훨씬 적다.

2019년 2월, 나는 피델리티자산운용Fidelity Investments의 HR팀 직원들과 전화통화를 하고 있었다. 피드백의 중요성과 함께 어떻게 하면 피드백을 주고받는 문화를 만들지 이야기를 나누는 중이었다. 대화 도중 인재팀장인 안드레아 휴Andrea Hough가 이렇게 물었다. "만약에 '마이크, 제가 당신한테 피드백을 해줄 게 하나 있는데요'라고 하면 지금 기분이 어떨 거 같아요?"

상황을 가정해서 물어보는 것이었는데도 나는 갑자기 온몸이 경직되면서 긴장되는 것을 느꼈다. 잠시 후 안드레아가 말했다. "어떤 기분인지 알겠죠? 그런데 제가 만약에 '마이크, 저한테 혹시 피드백해줄 거 없을까요?'라고 물으면 어떨까요? 그러면 전혀 다른 대화가 되겠죠?"

역시나 이번에도 가정을 해보는 일에 불과한데도 나에게 일어난 반응은 전혀 달랐다. 남들에게 피드백을 요청할 때는 그걸 받아들일 마음의 준비를 하고 기꺼이 마음을 연 채로 대화에 들어가게 된다. 그리고 나에게 피드백을 해주어도 좋다는 허락을 하면 상대방도 스트레스를 덜 받으면서 훨씬 더 쉽게 피드백을 해줄 수 있다.

뉴욕대학교의 심리학자 테사 웨스트Tessa West가 뉴로리더십연구소NeuroLeadership Institute에서 실시한 조사에 따르면 피드백을 주도적으로 구하는 것은 신경과학적 관점에서도 도움이 된다고 한다. 피드백을 나누기 위한 대화가 시작되면 신경 체계는 종종 이를 '위협'으로 감지해서 무의식적으로 투쟁 도피 반응fight-or-flight(위험을 감지한 순간 본능적으로 싸우거나 도망치기 위해 나타나는 몸의 생리적 반응 - 옮긴이)이 일어나는데 내 쪽에서 주도적으로 요청하면 그럴 가능성이 줄어든다는 것이다.

주도적으로 피드백을 요청하면 그 반대의 경우보다 두 사람 모두 심리적으로 더 안전한 기분이 든다. 어려운 대화를 나눌 때는 이렇게 심리적으로 안전한 느낌을 만드는 것이 아주 중요하다. 그래야 뇌가 복잡한 인지 기능을 수행하기에 훨씬 더 좋은 상태가 될 뿐만 아니라, 긍정적이고 생산적인 성장 마인드셋으로 피드백을 쉽게 받아들일 수 있기 때문이다.

피드백을 영리하게 주는 법

피드백을 받는 것도 당사자에게 힘든 일일 수 있지만 피드백을 주는 것도 상당히 어려운 일이다. 앞서 언급한 뉴욕대학교 조사에 따르면 신경 체계에서 무의식적인 투쟁 도피 반응이 일어나는 것은 피드백을 받을 때만 벌어지는 일이 아니라고 한다. 피드백을 줄 때도 똑같은 반응이 일어난다. 그러니 타인에게 피드백을 줘야 하는 상황이 됐을 때도 우리 자신에게 약간의 연민을 가질 필요가 있다. 그리고 피드백을 주는 정서적, 실용적 능력을 의도적으로 개발해야 한다.

지금까지 언급한 것 외에도 피드백을 줄 때 핵심적으로 기억해야 할 사항이 네 가지 더 있다. 이를 염두에 둔다면 방어적인 태도나 자기 비난이라는 장벽을 넘어서 우리의 피드백이 상대에게 잘 받아들여지고, 당초 의도했던 긍정적 효과를 내는 데 도움이 될 것이다.

1. 의도 내 피드백의 숨은 의도를 스스로 확인해보는 것이 매우 중요하다. 다시 말해 이런 질문들을 자신에게 던져야 한다. 애초에 나는 왜 그런 피드백을 상대에게 주려고 하는가? 정말로 상대가 더 성공하기를 바라는가? 아니면 상대가 짜증나서 그 이유를 알려주려는 것인가? 나에게 의식적 혹은 무의식적 편견이 있지는 않은가? 무언가를 증명하거나 나 자신을 방어하려는 것은 아닌가? 내가 통제하고 싶은 대상이 상대인가, 상황인가?

우리가 타인에게 피드백을 줄 때는 하나 이상의 온갖 이유가 있을 수 있다. 그러나 자신의 동기에 대해 솔직해진다면 애초에 이 피드백이 과연 상대에게 도움이 될지부터 더 잘 판단할 수 있을 것이다. 도움이 된다고 판단했을 경우에도 진심으로 긍정적인 의도를 가져야만 상대도 그 피드백을 잘 받아들일 가능성이 커진다. 긍정적 의도로 다른 팀원들에게 피드백을 해준다면 이 영역에서 팀 문화를 주도할 수 있을 것이다.

2. 허락 요구하지 않은 피드백은 아무리 정확하고 가치 있는 것이라고 해도 상대가 받아들이기 어렵고, 심지어 무례한 일이 될 수 있다. 때로는 스트레스가 될 수도 있지만, 상대가 피드백을 받을 의향이 있는지 물어보는 것은 중요한 일이다. 이는 그냥 시작하는 것보다 훨씬 더 좋은 접근법인데 상사이거나 부모, 멘토 등 피드백을 주는 것이 암묵적으로 허락된 것처럼 보이는 관계에 있

다고 해도 마찬가지다.

피드백을 주어도 좋다는 명시적인 허락을 정확히 받고 시작하는 것은 상대를 존중하고 소중하게 여긴다는 표시다. 그리고 이렇게 하면 보통 피드백이 비난이나 평가 같다는 느낌을 덜 주고, 도와주려는 것으로 느껴지기 때문에 상대도 훨씬 더 잘 받아들일수 있다. 서로 피드백을 줄 때는 우선 허락을 구해야 한다는 것을 팀의 표준으로 만드는 것도 중요하다. 그리고 이미 표준이 되어있다고 해도 피드백을 줄 때는 반드시 그 순간 구체적인 허락을 구해야 한다.

3. 기술 효과적으로 피드백을 주려면 기술이 필요하다. 어려울수도 있지만, 마음먹고 연습하면 분명히 발전시킬 수 있다. 피드백을 주고받을 때는 관련된 모든 사람이 쉽게 상처를 받을 수 있기 때문에 좋은 피드백을 위해 주의력과 집중력, 상황 인식, 용기가 필요하다. 피드백은 '어려운 대화' 중에서도 최고난이도인 경우가 많다. 피드백을 하려는 마음이 클수록 피드백을 성공적으로 전달하는 기술도 더 개발할 수 있다.

피드백을 효과적으로 주는 방법에는 여러 가지가 있다. 업무평가나 직원 개발 대화development conversation(직원과 관리자가 직원의 장기적 목표에 관해 이야기를 나누면서 커리어를 지속적으로 개발할 방안을 함께 모색하는 시간. 직원의 능력을 장기적, 체계적으로 개발할 수 있고 이직률을 낮추는 효과가 있다. '커리어 개발 대화'라고도 한다 - 옮긴이) 혹은 팀 보고 시간에는 직접적이고 명시적인 피드백을 주는 경우가 많다. 그 외 경우에는 좀 덜 노골적이거나 심지어 전혀 피드백처럼 보이지 않고 오히려 질문이나 제안, 일반적 대화처럼 보이는 피드백을 줄 수도 있다.

4. 관계 효과적인 피드백을 주기 위해서 가장 중요한 부분은 상대와의 관계다. 아주 긍정적인 의도로 명시적 허락을 받고, 충분한 기술을 활용해서 피드백을 준다고 하더라도 두 사람 관계가 튼튼하지 않다면 상대가 그 피드백을 잘 받아들이기는 매우 힘들다. 서로 다른 두 사람으로부터 똑같은 피드백을 받았다고 해도 각각의 관계에 따라 듣는 사람의 반응은 완전히 달라질 수 있다.

예를 들어 상대방이 나를 많이 아끼고, 인정하고, 믿어준다는 사실을 알고 있는 경우, 나는 이 사람의 피드백에 마음을 열고 그 내용을 긍정적으로 받아들인다. 따라서 평소에 진정성 있고 튼튼한 관계를 맺어둔다면 필요할 때 효과적인 피드백을 주는 데 도움이 된다. 그런데 만약 피드백을 주는 사람이 내가 잘 모르는 사람이거나 관계에 아직 해결되지 않은 이슈가 있다면 마음을 열고 상대의 피드백을 잘 받아들일 가능성은 적다. 만약 피드백을 주어야 하는 상황에 놓였는데 평소 상대와 나의 관계가 튼튼하지 않다면 그 부분이 분명히 영향을 줄 거라는 사실을 알고 있어야 한다. 이 점을 진정성 있게 인정하고 관계 개선을 위해 노력한다면 상대방에게 피드백을 줄 때 도움이 될 것이다.

피드백을 줄 때는 지금까지의 네 가지 사항, 즉 의도, 허락, 기술, 관계를 반드시 기억해야 한다. 이 네 가지는 또한 피드백을 받을 때도 성장 마인드셋이라는 관점에서 잘 생각해봐야 할 것들이다. 피드백을 주는 상대의 의도에 주목하고, 피드백을 주어도 된다는 명시적인 허락을 내주고, 어떤 식으로 피드백을 받고 싶은지 소통하며, 주위 사람들과의 관계를 튼튼하게 만들도록 주도적으로 노력해야 한다.

피드백을 주고받는 일은 쉽지 않다. 그러나 이는 개인과 팀의 성장과 발전에 매우 중요하다. 어려운 대화가 될 수밖에 없는 피드백을 적극 환영하고 나아가 즐길 수 있다면 나 자신은 물론 팀까지도 최고의 성과를 낼 수 있을 것이다.

완전한 솔직함에 대하여

우리가 상대방에게, 특히 팀원들에게 피드백을 줄 때 이해해야 할 중요한 개념이 바로 '완전한 솔직함^radical candor'이다. 캔더^Candor, Inc.의 CEO인 킴 스콧은 내가 운영하는 팟캐스트에 두 번이나 게스트로 출연해주었다. 킴은 이 개념을 만들어내고 나서《실리콘밸리의 팀장들》이라는 베스트셀러를 썼다.

킴은 "완전한 솔직함이란 상대를 아끼면서도 직접적으로 도전의식을 자극하는 것입니다. 친절하고 분명하면서도, 진심에서 우러난 구체적 지침을 주는 것이죠."라고 말한다. 이 개념에 따르면상대를 아끼더라도 직접적으로 도전 의식을 자극할 수 없거나 그럴 의지가 없다면 그런 태도는 '파괴적 공감'인 것이다. 또한 직접적으로 도전 의식을 자극하지만 상대를 아끼지는 않는다면 '불쾌한 공격'이다. 마지막으로 상대를 아끼지도 않고 도전 의식을자극하지도 않는다면 '고의적 거짓'이다.

나는 완전한 솔직함이라는 개념을 아주 좋아한다. 수많은 리더와 팀, 조직이 이 용어와 개념을 자주 활용하는 데는 이유가 있다. 완전한 솔직함은 어려운 대화들을 나눌 때 실천하면 무엇보다 좋은 방법이기 때문이다. 그 대화가 일대일 대화든, 소규모 그룹이든, 팀 내에서든, 조직 전체든, 외부인이든, 개인적이든, 직업적이든 관계없이 말이다.

몇 년 전에 나는 위즈덤 2.0^Wisdom 2.0에서 주최한 어느 콘퍼런스에 참석했다가 링크트인^LinkedIn의 CEO 제프 와이너^Jeff Weiner의 강연을 듣게 됐다. 와이너는 상사에게 피드백을 주는 것(과 리더로서 피드백을 받는 것)의 중요성에 관해 이렇게 말했다. "많은 사람이 상사에게 건설적인 피드백을 해주는 것을 걱정합니다. 혹시나 상대가 잘못 받아들이지는 않을까, 앙갚음을 하지 않을까 하면서 말이죠. 먼저 지금 건설적인 피드백을 주었다는 이유로 앙갚음을 할 만한 사람 밑에서 일하고 있다면, 과연 그 사람 밑에서 계속 일해도 될지 곰곰이 한번 생각해봐야 합니다. 선택의 여지가 없는 분들도 있을 겁니다. 가족들을 먹여 살려야 하니까요. 하지만 운 좋게도 선택의 여지가 있는 분이라면 그런 상황에서는 솔직한 태도를 취해야 합니다. (…) 만약 우리 팀에 있는 사람들이 저한테 와서 '이건 잘하셨는데 저건 더 잘하실 수도 있을 것 같아요'라고 말해준다면 그보다 더 고마울 수는 없을 겁니다."

완전히 솔직한 피드백을 안전하고 생산적인 방식으로 주고받는 방법 중 가장 추천하는 것은 '시작하고, 그만두고, 계속하라 Start, Stop, Continue'이다. 나는 오랫동안 다양한 사람과 리더들, 팀을 통해 이를 여러 가지 버전으로 응용해서 사용했고 놀라운 결과들을 목격했다.

시작하고, 그만두고, 계속하라

상대가 상사나 동료, 타 부서의 업무 파트너, 부하 직원… 누구라도 상관없다. 상대를 일대일로 만나면 다음과 같이 구체적으로 피드백을 요청하라.

- **시작하라** "제가 지금 하지 않는 것 중에서 무엇을 '시작하면' 제 업무나 당신과의 협업을 더 효과적으로 만들 수 있을까요?"
- **그만두라** "제가 지금 하는 것 중에서 무엇을 '그만두면' 제 일도 더 잘하고 당신과의 협업도 더 쉬워질까요?"
- **계속하라** "제가 지금 하는 것 중에서 제 업무도 효과적으로 하면서 당신과의 협업에도 도움이 되도록 '계속해야' 할 일은 무엇일까요?"

중요한 것은 이 질문들을 하기 전에 상대에게 어느 정도의 배경 설명과 함께 당신이 정말로 솔직한 답을 원한다는 사실을 알려주는 일이다. 질문을 들은 상대방은 생생한 피드백을 떠올리고 답해주는 게 어렵지 않을 테지만, 그러려면 당신이 진정성 있는 답을 바란다는 사실과 피드백에 대한 보복은 전혀 없을 거라는 점을 구체적으로 알고 있어야 한다. 상대방도 당신에게 이 질문들을 똑같이 해보라고 요청하는 것도 좋다. 그러면 당신도 상대에게 똑같이 피드백을 해줄 수 있는 기회가 생길 것이다. 이 과정을 일대일 미팅을 통해 정기적으로 실행한다면 지속적인 피드백이 계속 오갈 수 있을 것이다. 이는 또한 어려운 대화가 될 수밖에 없는 피드백을 좀 더 쉽고 접근하기 좋게 만들어주는 아주 구체적인 방법이다.

내가 이 방법을 알려준 수많은 사람이 자신의 상사나 부하 직원, 팀 동료에게 '시작하고, 그만두고, 계속하라' 기법을 다양한 버전으로 응용해서 사용했다. 나도 컨설팅하는 기업들에 구체적 행동을 통해 성장하는 계기가 되도록 이 방법을 사용하곤 하는데 나는 두 가지 버전을 응용한다.

하나는 비교적 간단한 버전이다. 팀 세션이나 워크숍 등의 마지막 시간에 브레인스토밍 겸 실천 항목을 뽑아내는 용도로 사용하는 것이다. 반나절을 함께 보냈든 하루 또는 며칠을 함께 보냈든 프로그램에 참여한 기업들에 종종 자신들이 '시작하고, 그만두고, 계속할 수 있는 것'은 무엇일지 생각해볼 시간을 준다. 팀 전체가 이런 시간을 가지면 팀원 간의 교감, 팀 문화, 전반적 성과 및 팀워크를 개선할 수 있다.

　보통은 네다섯 명 단위로 그룹을 나누어서 그룹별로 위 세 가지 카테고리에 해당하는 내용을 각각 브레인스토밍해보게 한다. 그런 다음, 다시 다 같이 모여 카테고리별로 가장 좋은 아이디어는 무엇인지 플립차트나 화이트보드에 함께 적어본다. 그렇게 나온 아이디어 목록을 타이핑해서 팀 전체에 보내준다. 소그룹 한 곳 또는 담당자 한 사람을 정해서 이 목록에 나온 것들을 팀원 전체가 실천할 수 있도록 책임지고 감독하게 한다.

　'시작하고, 그만두고, 계속하라'의 두 번째 버전은 그룹 활동 중 각 개인에게 피드백을 주는 방법이다. 이 버전을 사용하려면 관련자 모두가 상당한 기술과 성숙함, 감성 지능을 갖고 있어야 한다. 하지만 이 버전은 믿기지 않을 만큼 강력한 효과가 있어 팀을 완전히 새로운 차원으로 성장시켜줄 수도 있다. 이 버전은 전체 팀원이 열 명 이하인 소규모 팀에 가장 적합하다.

　이 방법이 효과를 내려면 팀 전체는 물론이고, 특히 이 방법을 사용하는 그 순간에 서로에 대한 진정한 신뢰와 심리적 안전이 어느 정도 확보되어 있어야 한다. 나의 가장 중요한 역할도 프로그램을 진행할 때 바로 이 부분을 확인하는 것이다. 어떤 때에는 다 함께 '나를 정말로 안다면…' 과제 연습을 미리 해두어서 더 깊은 교감과 심리적 안전을 확보해둔다.

그러나 먼저 나는 참석자들에게 위험 부담은 있지만 귀중한 연습을 하나 해보겠냐고 의사를 먼저 물어본다. 동료 팀원들로부터 진정성 있는 피드백을 받아보겠냐고 말이다. 그러면 대부분의 참석자는 약간 겁먹은 듯한 표정을 짓지만, 그래도 우선 의사를 확인한 후에 연습을 진행한다. 그리고 누가 무슨 말을 해도 그게 진리는 아니라는 사실을 알려준다. 그건 (대부분의 피드백이 그렇듯) 말하는 사람의 개인 의견에 불과하다. 그리고 또 이렇게도 물어본다. "팀원들이 그저 좋은 말만 해주기를 바랍니까, 아니면 당신이 최고가 될 수 있게 도우려는 사람들의 진짜 피드백을 받아보겠습니까?" 그러면 참석자들은 대부분 진짜 피드백을 받아보겠다고 한다.

나는 또 이 연습의 목적이 팀원 개개인 모두와 팀 전체가 성장하는 데 있다고 상기시킨다. 이 연습의 효과를 누리기 위해서는 의식적으로 구성원들이 성장 마인드셋을 가져야 한다. 성장 마인드셋이란 다른 게 아니라 혹시나 불편하다고 하더라도 배움과 성장에 기꺼이 마음을 여는 것이다.

이렇게 준비를 모두 마치고 참석자들의 허락과 적극적 참여를 약속받고 나면 첫 번째 사람부터 피드백을 시작한다. 보통은 리더가 그 첫 번째가 된다. 나는 종종 이 세션을 시작하기 전에 리더에게 미리 확인을 한다. 리더가 이 연습을 할 마음이 있는지, 기꺼이 첫 번째로 나설 의향이 있는지도 물어본다. 그리고 팀원들이 충분히 성숙한지, 조직의 사기나 신뢰, 팀원 간의 교감, 팀 내 전반적인 정신적, 정서적 상태가 이 연습을 해도 될 만큼 좋다고 생각하는지도 묻는다. 리더가 허심탄회하게 팀원들로부터 피드백을 받을 마음이 있다면(다시 말해 성장 마인드셋에 대한 모범을 보여주고자 하고 어려운 대화를 적극 환영한다면) 나머지 팀원들도 이 연습에 참여하는 일이 수월하고 안전하다고 느낄 것이다.

그러면 이제 참석자들은 리더가 '시작하고, 그만두고, 계속할 수 있는' 일들을 제안하기 시작한다. 그다음에는 참석자 전체가 돌아가며 피드백 의자에 앉는다. 피드백을 받는 사람은 오직 귀를 기울이고 들은 내용을 적는 행위만 할 수 있다. 피드백 받은 내용에 관해 토론을 벌이거나 어떤 식으로든 이 과정을 방어해서는 안 된다. 피드백을 받은 내용 중에 더 자세히 알고 싶은 부분이 있다면 질문은 얼마든지 해도 좋다.

내가 이 연습을 진행했던 팀들은 대부분 믿기지 않을 만큼 소중한 경험이었다고 말했다. 구체적으로 주고받은 피드백의 내용도 소중했고, 다 함께 유대감을 느끼고 성장할 수 있는 기회였다고 말이다. 연습이 끝나고 디브리핑debriefing을 해보면 참석자들은 생각했던 것만큼 이 연습이 그렇게 어렵지도 않았고 처음에는 두려웠지만 실제로 해보니 신선하고 실질적인 도움이 되었다며 놀라워한다.

피드백은 성장을 이끄는 중요한 촉매다. 자신의 능력을 향상시키고, 팀의 성과를 높이고, 조직문화를 강화하는 방법 중 하나는 팀원들에게 피드백을 부탁하고 그 피드백을 소중히 여기는 것이다. 이는 용기가 필요한 일이며 자신의 약점까지 드러내는 일이 될 수도 있지만 한편으로는 반드시 필요한 일이다. 피드백을 주고받기 위해서 어려운 대화를 기꺼이 받아들인다면 개인도, 팀도 더 훌륭한 성과를 낼 수 있을 것이다.

어려운 대화를 나누기 위한 리더의 역할

팀 내에서 안전한 환경을 조성하는 데는 리더의 역할이 중요하다. 공식적인 리더의 위치에 있거나 자발적으로 리더가 되어 주위 사람에게 좋은 영향을 주고 싶을 때 실천할 수 있는 구체적 사항을 몇 가지 소개하겠다.

• **의견 충돌을 환영한다** 여러 기업과 일할 때 자주 듣는 불평 중

에 하나는 팀 리더가 의견 충돌을 좋아하지 않거나 자신과 의견 충돌을 빚으면 무조건 차단하려고 한다는 것이다. 이는 리더가 할 수 있는 최악의 행동이다. 이런 행동은 논쟁과 토론, 혁신, 아이디어, 창의성 등 수많은 것을 질식시킨다. 비록 까다롭고, 겁나고, 불편할 수도 있지만 리더가 건강한 충돌을 기꺼이 환영한다면 팀원들이 더 솔직해질 수 있다. 그리고 더 나아가 좋은 솔루션이나 결과가 나올 것이다. 의견 충돌은 성장과 신뢰, 협업에 필수라는 사실을 반드시 기억해야 한다. 서로에게 이 부분을 기꺼이 상기시킬 수 있고, 최대한 생산적인 의견 충돌이 일어나도록 필요한 조치를 취한다면 그 과정에서 팀도 더 튼튼해질 것이다.

• **'방 안의 코끼리'에 관해 이야기한다** 일을 하다 보면 민감한 이슈나 불편한 주제, 어려운 상황이 발생하는 경우도 많다. 물론 리더라면 분별 있게 행동하고, 비밀을 존중하고, 필요에 따라 어떤 정보를 공개하지 않는 것도 필요하다. 그러나 리더의 가장 중요한 일 중에 하나는 민감한 주제를 직접적으로 이야기하는 것이다. 빠를수록 좋다. 흔히들 말하듯이 "나쁜 소식을 묵혀서 좋을 것 없다". 이럴 때는 팀원의 일부 혹은 전부가 이미 해당 이슈를 알고 있는 경우가 대부분이다. 불편할 수도 있지만 회피하면 상황은 보통 더 악화된다. '방 안의 코끼리the elephant in the room'(다들 쉬쉬하고 있는 주제 – 옮긴이)를 말해버리면 속이 후련할 뿐 아니라 최소

한 긴장감이라도 어느 정도 누그러뜨릴 수 있다. 또 집단 지성을 이용해 문제를 직접적으로 다루면 잠재적 해결책을 찾아낼 가능성도 크다. 나아가 이런 시도들을 적극적으로 하며 용기를 내고, 성장 마인드셋을 갖도록 독려하라. 이는 당면한 상황뿐 아니라 팀 문화에도 큰 도움이 될 것이다.

• **중간에 끼거나 험담하지 않는다** 팀원들이 어려움이나 이슈가 있어서 찾아왔을 때 그들의 이야기를 들어주는 것도 리더의 역할이다. 그런데 그 주제가 다른 팀원이나 회사에 대한 것일 수 있다. 물론 팀원들이 마음을 터놓고 본인의 진짜 감정을 이야기할 수 있을 만큼 안전한 환경을 만들기 위해 최선을 다해야 한다. 그러나 이때 중간에 낀 처지가 되거나 누군가의 험담에 동조해서는 안 된다. 중간에 끼는 상황은 다른 사람에 대한 피드백을 본인에게 직접 이야기하지 않고 리더에게 들고 와서 대신 전해달라고 할 때 생긴다. 그리고 험담은 알다시피 누군가의 등 뒤에서 부정적인 이야기를 하는 것이다.

이 두 가지 행동은 팀 내의 신뢰와 심리적 안전을 손상시킨다. 누군가 동료에 대한 불평을 했을 때 상대에게 공감하려는 시도로 섣불리 험담에 동참해서는 안 된다. 처음에는 상대도 자신의 생각에 동의해준다는 사실에 기분이 좋을지 모른다. 하지만 결국에는 얘기를 들어준 사람이 등 뒤에서 자신의 험담도 할지도 모른다는 생각에 오히려 초조하고 불안해질 것이다.

또한 당사자 두 사람이 직접 진솔한 대화를 나누게끔 격려하지 않고 그 관계의 중간에 낀다면 이슈를 해결하기도 더 힘들어진다. 이는 어려운 대화를 환영하는 것과는 '정반대'의 행동을 보여주는 셈이다. 그렇게 되면 팀의 분위기는 부정적이고 건강하지 못한 방향으로 흐를 것이다. 팀원들이 껄끄럽지만 중요한 대화를 서로 나누도록 독려해야 하고, 그런 논의가 원활히 일어날 수 있는 환경을 조성해야 한다. 그래야만 문제를 직접적으로 다루고 해결할 수 있다.

• 피드백을 요청하고 받아들인다 서로 피드백을 해주는 문화를 만들고 팀 전체가 성장 마인드셋을 갖는다면 모든 구성원이 성과를 내고, 번창할 수 있다. 가장 좋은 방법은 직접 행동으로 모범을 보이는 것이다. 동료나 상사뿐 아니라 부하 직원에게도 적극적으로 피드백을 요청한다면 끊임없이 발전하고 변화할 수 있다.

또한 피드백을 어떻게 요청하는 것인지 직접 보여준다면 팀원들도 안심하고 그 뒤를 따르기가 쉬울 것이다. 일대일 미팅에서 '시작하고, 그만두고, 계속하라' 기법을 사용하는 것도 좋은 방법이다. 그리고 피드백을 요청하는 것도 중요하지만, 피드백을 준 사람은 이후에 상대가 어떻게 행동하는지도 관심 있게 지켜볼 것이다.

기꺼이 피드백을 준 사람에게 감사함을 표시하고, 피드백을 반영해서 실천하는 과정을 팀원들과 공유하라. 그렇게 한다면 팀원들도 더 많은 피드백을 주려고 할 것이고, 피드백을 실제로 활용하려는 당신의 진정성을 느끼고 더 많이 신뢰할 것이다.

• **정기적으로 근황을 묻고 직원 개발 대화를 지속적으로 갖는다** 선도적 기업들 사이에서는 이미 연말 업무평가의 시대는 끝난 듯하다. 그동안 비즈니스의 변화 속도뿐 아니라 소통 방식도 많이 바뀌었다. 따라서 사람이나 성과를 관리하고, 재능을 개발하고 코칭하는 방법에 대한 생각도 바뀌어야 한다.

최고의 리더들은 끊임없이 팀원들의 상태를 확인하고, 늘 직원 개발 대화를 가진다. 직원 개발 대화는 정식 일대일 미팅을 통해서나 분기별·매년 혹은 격년으로 특정 기간을 정해 가질 수도 있다. 중요한 것은 늘 당신의 역할을 모든 팀원의 코치라고 생각하는 것이다. 팀원들에게는 당신이 리더로서 실시간으로 해주는 피드백이 가장 큰 영향력을 갖는 경우가 많다. 효과적인 방법을 찾아내서 지속적으로 팀원들을 확인하고 주위의 모든 사람과 정기적으로 직원 개발 대화를 갖는다면 당신뿐 아니라 팀 전체에 도움이 될 것이다.

어려운 대화를 나누기 위한
팀원들의 역할

건강한 의견 충돌과 생산적인 피드백 등 어려운 대화들이 일어나기 위해서는 모든 팀원의 역할이 필수적이다. 팀 리더나 조직의 고위직 리더들이 중요한 역할을 하겠지만 그들에게만 맡겨놓을 일은 아니다. 앞서 열거한 리더가 할 수 있는 일들은 팀원에게도 똑같이 적용될 수 있다. 개인이나 팀이 어려운 대화를 적극 환영할 수 있도록 팀원으로서 긍정적 영향을 줄 수 있는 몇 가지 행동을 소개한다.

• **목소리를 낸다** 앞서 다양성, 포용, 소속감과 관련해 목소리를 내는 일이 얼마나 중요한지 이야기했다. 더 폭넓게 보면 종종 의견 충돌, 이슈 같은 갈등이 발생하고 결국은 동료나 친구, 기타 다른 사람에 대한 불평이나 험담으로 끝나기도 한다. 이런 일들에 대해서도 방관하지 않고 용기를 내서 말하는 게 중요하다. 그 자리에서 직접 이야기하는 방법도 있고, 회의에서 말할 수도 있으며, 팀 전체가 있을 때 말할 수도 있다. 나중에 상사나 동료 혹은 다른 사람에게 가서 해당 이슈를 직접적으로 이야기하는 방법도 있다. 겁이 날 때에도 용기를 내서 말하는 것은 나의 성장뿐 아니

라 팀의 성공에 필수적이다.

• **불평은 적극적으로 표현한다** 불평에는 두 가지 유형이 있다. 행동 없는 불평과 적극적 불평이 그것이다. 행동 없는 불평은 마음에 들지 않는 것에 대해 남들에게 징징거리고, 다른 사람이나 팀, 회사 때문에 불편하다고 한탄하는 것이다. 이런 불평은 해로운 결과를 낳을 때가 많고, 갈등이 건강하게 해결되기 힘들게 만든다. 행동 없는 불평은 부정적인 분위기와 단절, 험담, 무기력을 만들어낸다.

반면에 적극적 불평은 목소리를 내는 것과 마찬가지로, 어떤 이슈에 대해 잠재적으로 조치를 취할 수 있는 사람 혹은 집단에게 해당 문제를 직접 제기하는 것이다. 바라던 결과를 얻을 수도 있고 아닐 수도 있다. 하지만 책임지고 직접적으로 그에 관해 이야기한다면 이슈를 해결하거나 필요한 변화를 촉구할 수 있다. 설사 아무것도 변하지 않는다고 하더라도, 최소한 상황을 개선하기 위해 적극적으로 무언가를 한 것이다. 또한 아무런 도움도 되지 않고 오히려 상황을 악화시킬 수 있는 방식으로 남들에게 불평하느라 시간과 에너지를 낭비하지도 않게 된다.

• **상사, 동료 등에게 피드백을 해준다** 위험 부담이 있을 수 있고 굳이 내 업무처럼 보이지 않는 경우도 많지만, 함께 일하는 상사나 동료에게 피드백을 해주는 것은 다 함께 성장하게 한다. 이런

종류의 어려운 대화를 나누려면 용기가 필요하다. 하지만 이는 피드백을 받은 대상에게 긍정적 영향을 줄 수 있을 뿐 아니라 팀 전체의 능력을 향상시키고 성장 중심의 문화를 만들어내는 데 기여할 수 있다.

제3장에서 피드백이 제대로 받아들여지기 위한 네 가지 요소를 이야기했다. 의도, 허락, 기술, 관계가 그 네 가지다. 대부분의 사람은 피드백을 받을 때 처음에는 방어적이 되거나 자기 비난 등의 반응을 보인다. 그래서 감성 지능을 이용해 나 자신과 상대를 위한 용기를 내고 연민을 갖는 게 중요하다. 상대가 '시작하고, 그만두고, 계속하라' 기법을 받아들일 수 있는지 살펴보라. 어떻게 피드백 대화를 시작해야 할지 탐색해보는 것이다.

• 내가 원하는 피드백을 받는다 사람들은 대부분 상사 등으로부터 피드백을 받는다. 그러나 최대한의 성공을 위해 필요하고 또 원하는 종류의 피드백을 충분히 받아보는 사람은 많지 않다. 그렇다고 상사나 다른 사람을 탓하는 데 시간과 에너지를 낭비할 필요가 없다. 대신 구체적으로 어떤 내용과 방법으로 피드백을 받고 싶은지 이야기하라. 내 커리어와 성장은 스스로 챙겨야 한다. 성장하고 발전하기 위해서는 당신이나 당신의 상사, 다른 팀원들이 다 함께 노력해야 한다. 최고의 상사도 보지 못하는 부분이 있다. 따라서 팀원들이 원하는 만큼의 관심을 주지는 못하는

게 다반사다. 여기서 딜레마는 더 다양하고 많은 피드백을 받고 싶다고 하더라도 이는 또한 불편하게 들리거나 자신을 까발리는 일이 될 수 있어서 늘 기분 좋을 수만은 없다는 점이다. 내가 상사를 많이 신뢰하고, 팀에 심리적 안전이 아무리 많이 확보되어 있다고 하더라도 말이다. 더 노골적으로, 그리고 언제 어떻게 어떤 방식이 좋은지를 더 구체적으로 지정해서 피드백을 요청할수록 꼭 필요한 피드백을 얻을 가능성도 커진다. 팀원들에게 이런 모범을 보인다면 주위 사람도 우리처럼 행동하거나 이런 유형의 어려운 대화를 갖는 게 더 쉬워질 것이다.

• **피드백을 선물처럼 생각한다** 제프 와이너의 말처럼 피드백은 '선물'이다. 누군가 우리를 아끼는 마음에 용기를 내서 기꺼이 피드백을 주려고 했다면 우리의 최선은 이를 선물로 받아들이는 것이다. 그렇다고 상대의 말에 반드시 동의해야 한다거나 피드백에 대해 곧이곧대로 따라야 한다는 뜻은 아니다. 다만 피드백을 선물처럼 생각한다면 그 말이 긍정적인 효과를 낼 가능성이 커진다. 대부분의 사람이 그렇듯이 처음에는 방어적이 되거나 자기비난에 빠진다고 해도 나 자신에게 연민을 가진다면 금세 성장 마인드셋으로 기어를 바꾸어 교훈을 찾아낼 수 있을 것이다. 그리고 우리가 피드백을 잘 받아들일수록 선순환이 일어난다. 그들 입장에서는 우리에게 피드백을 주는 게 더 안전해지고, 우리는

도움이 되는 피드백을 더 많이 받을 수 있다.

어려운 대화를 나누기 위해
팀에서 할 수 있는 일

어려운 대화를 더 쉽게, 더 생산적인 방식으로 받아들일 수 있도록 팀 차원에서 실천할 수 있는 구체적인 사항을 소개하겠다.

 • **갈등에 관해 이야기를 나눈다** 갈등을 건강하게 받아들이기 쉽도록 만드는 방법은 갈등과 관련해서 나와 팀원의 상태에 대해 더 많이 알아보는 것이다. 갈등이 있을 때 남들은 어떻게 느끼고 어떻게 행동할까? 그 갈등이 일대일 상황인지, 소규모 그룹 상황인지 혹은 팀 전체와 관련된 상황인지에 따라 느낌이나 행동이 달라질까? 이런 것들은 같이 일하는 사람들과 솔직하게 논의해보기 좋은 질문들이다. 나는 갈등을 어떻게 생각하고 느끼는지, 갈등 상황이 생겼을 때 어떻게 반응하는지, 주위 사람들의 경우에는 또 어떤지 등 더 많이 털어놓는다면, 어려운 대화를 나눠야 할 때 더 효과적으로 대화할 수 있다.

갈등은 인생에서, 인간관계에서 그리고 팀워크에서 중요한 부분이다. 이에 관해 이야기를 많이 나누면 여러 사람에게 도움이 될 수 있다. 갈등을 적극적으로 환영하고 생산적으로 활용할 수 있다는 것은 나나 주위 사람들이 갈등을 어떻게 생각하고 갈등에 어떻게 반응하는지 잘 알고 있다는 뜻이다. 그렇기 때문에 개인이나 팀 차원에서 갈등에 관해 이야기하는 것은 매우 중요하다.

• **회의를 마친 후 쉬운 대화를 나누지 말고, 회의실에 있을 때 껄끄러운 대화를 나눈다** 팀의 역학 관계에 가장 파괴적인 영향을 미치는 것은 팀 미팅 밖에서 일어나는 뒷담화다. '회의 끝나고 모이는 모임'은 팀원 간의 신뢰와 심리적 안전, 팀 문화를 자주 손상시킬 수 있다. 회의가 끝난 뒤 몇몇 사람(특히 내 생각에 동의할 것 같은 사람들)하고만 이야기를 나눌 것이 아니라 회의실에 모두 있을 때 기꺼이 중요한 대화를 나누려고 해야 한다. 댄 헹클이 올드네이비에서 일할 때 손발을 맞추던 경영진들과 이야기했듯이 "함께 있을 때는 (의견이) 나뉘어도, 떨어져 있을 때는 하나가 되어야만" 다 함께 성공할 수 있다.

팀으로서 기꺼이 어려운 대화를 나누려고 하고, 서로에 관해 험담을 하거나 전체를 위한다며 누군가를 희생시키는 일은 절대로 하지 않기로 약속하라. 그러면 서로의 뒤를 든든하게 지켜주는 분위기가 조성된다. 이런 행동을 더 많이 할수록 더 훌륭한 팀이 될 수 있고, 분위기는 더 안전해질 것이며, 조직 내 다른 사람들에게도 훌륭한 본보기가 될 것이다.

• **의견 조율은 만장일치를 뜻하지는 않는다** '함께 있을 때는 (의견이) 나뉘어도, 떨어져 있을 때는 하나가 된다'라는 아이디어에서 한 단계 더 나아가, 훌륭한 팀들은 만장일치와 의견 조율의 차이를 잘 구분한다. 만장일치는 모두가 같은 결론을 내리고 사안을 똑같이 바라보는 것이다. 실제로 만장일치가 일어난다면 멋진 일일 수도 있지만, 이는 흔한 일도 아니고 대부분의 경우 이런 결과가 필요하지도 않다.

제2장에서 이야기한 것처럼 팀이 최적의 성과를 내려면 배경이나 능력, 성격, 스타일 등이 서로 다른 구성원들로 팀을 꾸리는 게 이상적이다. 다양성을 고려해 팀을 구성했는데 구성원들이 똑똑하고, 재능 있고, 열정 넘치고, 자기 주장까지 강하다면 매번 다 의견이 일치할 수는 없을 것이다. 논쟁이나 의견 충돌은 중요할 뿐 아니라 건강한 것이다. 만약 만장일치에 이른 이후에야 움직이겠다고 목표를 잡는다면 팀은 느려질 수밖에 없고 이는 실패로 이어질 것이다.

의견 조율에 초점을 맞춰야 한다. 중요한 주제나 이슈에 대해서는 진정성 있는 논의와 논쟁을 벌여서 누구나 발언할 기회를 갖고, 의견을 보태고, 각자 가진 시각을 공유해야 한다. 이런 과정을 거쳐 결정에 이르렀다면 내 생각을 그에 맞추고, 내려진 결정에 따라 최선을 다해야 한다. 이것이 팀과 조직을 위하는 길이며, 더 큰 목표에 이바지하는 길이다.

• 빠짐없이 목소리를 듣는다 대부분의 팀에는 (직책이나 성격에 따라) 존재감을 더 과시하고, 말도 더 많이 하고, 팀의 의사결정이나 역학 관계에 더 많은 영향력을 행사하는 구성원이 있게 마련이다. 이는 자연스럽고 정상적인 일이며, 그 자체로는 비효과적이거나 문제를 일으키지 않는다. 그러나 팀의 구성원들과 팀 전체가 평소 이런 역학 관계를 잘 인지하고 있다가 그게 문제가 되었을 때는 지적할 수 있어야 한다.

건강한 의견 충돌을 갖고, 팀 차원에서 피드백을 주고받고, 그 외 다양한 어려운 대화를 진행할 때에는 반드시 모든 팀원에게 발언 기회가 돌아가게끔 배려하는 것이 필요하다. 이슈가 생길 때마다 모든 팀원이 다 같이 뛰어들어야 한다는 얘기는 아니다. 다만 정말로 중요한 논의나 주제, 의사결정이라면 팀 차원에서 구성원들의 성격이나 직책, 소통 방식을 고려해 평소 남들만큼 발언을 많이 하지 않는 사람들에게 본인의 시각을 이야기할 수 있는 시간과 공간을 구체적으로 제공해야 한다.

• 팀 차원에서 피드백을 주고받는다 실시간으로, 팀 차원에서 서로 피드백을 해줄 수 있는 팀 문화는 확실한 비교 우위 요소다.

따로 시간을 내서 팀의 전체적인 성과 및 팀 문화를 돌아보는 것도 한 방법이다. 그 시간에 팀원들이 리더에게 구체적인 피드백을 할 수도 있을 것이다.

또한 팀 내 다양한 구성원들이 용기를 내서 다른 구성원들에게 피드백을 줄 수도 있다. 구성원 개개인과 팀 전체가 최고의 성과를 낼 수 있게 하겠다는 의도를 가지고 성장 마인드셋으로 접근한다면 믿기지 않을 만큼 강력하고 생산적인 피드백이 될 것이다. 다시 한번 말하지만 '시작하고, 그만두고, 계속하라' 기법은 전체 팀을 위해서, 그리고 각 개인을 위해서 굉장히 효과적일 수 있다.

어려운 대화를 적극 환영하는 게 늘 쉽거나 재미난 일은 아니다. 민감한 주제에 관해 이야기를 나누고, 힘든 토론을 펼치고, 완전히 솔직한 피드백을 교환하는 것과 같은 어려운 대화는 성공의 기초일 뿐 아니라 높은 성과와 신뢰, 소속감을 낳는 팀 문화를 만드는 데 반드시 필요하다.

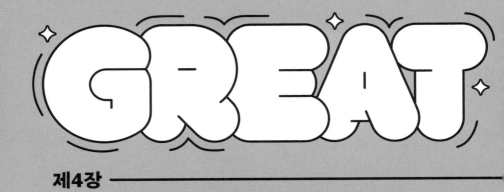

제4장

서로를 돌보며
도전 의식을 자극하라

제이슨 휴즈는 상업용 부동산 회사인 휴즈 마리노의 공동 소유자이자 CEO 겸 회장이다. 휴즈 마리노는 샌디에이고에 본사를 두고 있고, LA와 오렌지카운티, 샌프란시스코, 시애틀, 뉴욕에도 지사가 있다. 나는 지난 9년 동안 제이슨과 그의 아내인 최고운영책임자 셰이 휴즈Shay Hughes 그리고 휴즈 마리노의 경영진 팀과 협업 관계에 있었다. 그리고 덕분에 그들이 놀라운 방식으로 조직문화를 발전시키고 회사를 키워나가는 과정을 옆에서 지켜볼 수 있었다. 휴즈 마리노는 수많은 상을 수상했다. 특히 2018년에는 《포춘》이 선정한 '미국에서 가장 일하기 좋은 회사' 중소기업 부문 1위에 뽑혔다.

지금까지 함께 일해 본 기업 중에서 제이슨과 셰이 그리고 휴즈 마리노의 경영진 팀이 정말로 잘한다고 생각하는 것 중에 하나는 서로가 최고의 모습을 발휘할 수 있게 도전 의식을 자극하는 부분이다. 그리고 그 바탕에는 서로를 진심으로 아끼는 마음이 있다. 마리노의 경영진은 믿기지 않을 만큼 높은 평가 기준을 세우면서도, 다른 한편으로는 모든 구성원을 확실히 돌보고 뒷받침한다.

내가 이 부분에 관해서 묻자 제이슨은 이렇게 말했다. "전 직원의 행복과 성공이 저한테는 너무나 중요한 문제라서 자다가도 깨서 생각해볼 정도예요. '최근에 내가 이 사람이랑 제대로 교감한 적이 있었나? 저 친구는 잘 지내나? 저 직원은 괜찮은가? 어떻게 하면 이 사람들한테 내 사랑과 응원을 보내줄 수 있을까? 내가 무엇을 도와주면 이들의 커리어가 더 좋아질까? 어떻게 하면 이들의 자신감을 키워줄 수 있을까? 조금 더 신경 써줘야 하는 부분은 없을까?'"

제이슨은 말을 이었다. "저는 우리 팀원들을 위해서 말 그대로 이런 종류의 질문들을 항상 생각해요. 우리 집 아이들을 키울 때가 생각날 정도예요. 너무 사랑하니까, 잘될 수 있는 길이라면 뭐든 다 해주고 싶어요. 물론 팀원들을 사랑하는 방식은 우리 아이들을 사랑하는 방식과는 좀 다르지만, 팀원들한테도 똑같은 감정과 걱정을 느낄 때가 많아요. 팀원들을 돌보고 최고가 될 수 있게 독려하기 위한 거라면 뭐든 다 하고 싶어요. 우리 팀에 있는 사람들은 본인들이 생각하는 것보다 훨씬 더 많은 걸 해낼 수 있는 사람들이에요. 저는 그 사람들의 마음속에 있는 벽을 깨부숴주고 싶어요. 본인이 할 수 있는 모든 걸 경험하고 성취할 수 있도록 말이에요. 팀원들이 개인적으로나 직업적으로 성장하는 걸 보고 있으면 그렇게 뿌듯할 수가 없어요. 그들의 성공을 지켜보는 게 제 커리어의 하이라이트예요."

휴즈 마리노의 경영진 팀은 믿기지 않을 만큼 튼튼하고 성공적인 팀 문화를 조성했다. 이들은 서로에게서 최고의 모습을 끌어낸다. 서로를 깊이 아낀다는 사실을 알고 있고, 자기 자신과 서로를 위해 건강하게 높은 기대치를 세워두기 때문이다.

높은 성과를 내는 팀들의 비밀

지난 20년간 수많은 스포츠팀, 기업과 함께 일하면서 휴즈 마리노처럼 높은 성과를 내는 팀들을 정말 많이 만났다. 내 경험과 조사에 따르면 팀이 높은 성과를 내고 서로를 신뢰하고 소속감을 느끼는 문화를 효과적으로 만들어내려면 두 가지 조건을 충족시켜야 한다.

1. 서로를 아낀다 팀원들을 아낀다는 것은 그들을 잘 돌보고 소

중하게 생각한다는 뜻이다. 단순히 업무만을 위해서가 아니라 팀원들을 '있는 그대로' 말이다. 이는 또한 팀의 분위기가 실수를 저지르고, 도움을 청하고, 목소리를 내고, 나다운 모습을 표현하고, 반대 의견을 제시할 수 있을 만큼 안전한가 하는 부분과도 관련된다. 다시 말해 지금까지 이야기해온 것처럼 심리적으로 안전하다고 느끼고, 포용과 소속감이 있고, 어려운 대화도 기꺼이 나눌 수 있다는 자신감이 있어야 한다. 서로를 아끼는 환경에서는 서로에게 친절하고, 연민을 느끼고, 감사해 한다는 게 실제로 느껴지며 구성원들을 한 사람의 인간으로 바라보고 응원한다.

2. 서로의 도전 의식을 자극한다 도전 의식을 자극한다는 것은 기대치가 높다는 뜻이다. 이는 구성원과 팀이 번창하기 위한 필수 요건이기도 하다. 하지만 이런 기대치는 건강한 방식이어야 한다. 기준은 높아야 하지만 만족이라고는 모르는 건강하지 못한 압박, 즉 '완벽'을 요구해서는 안 된다. 타인에게 무언가를 기대하면 대부분의 경우에는 충족되겠지만 그 기대치가 완벽일 경우에는 모든 사람이 기준에 미달할 수밖에 없다. 건강하게 높은 기준이란 높은 기준을 세운 다음 모두(팀원 및 자기 자신)에게 최고의 모습을 보여 달라고 요구하는 것이다. 이는 또한 기준과 목표를 명확히 하고, 책임감을 부여하고, 팀에 온전히 헌신하면서도 건강한 방식으로 서로에게 뛰어난 모습을 요구하는 것이다.

높은 기준을 세워 한계치까지 밀어붙이면서 동시에 서로를 아낄 수는 없다고 생각하는 경우가 많다. 또는 서로를 아끼고 돌보면서 동시에 팀원들에게 많은 걸 기대할 수는 없다고 생각하기도 한다. 사실 팀원으로서, 리더로서, 팀 전체로서 우리의 목표는 이 두 가지를 동시에 해내는 것이다. 하나를 희생시키면서 다른 하나를 이루는 게 아니라 두 가지를 동시에 그리고 열정적으로 해내는 게 우리의 목표다. 서로를 아끼면서도 도전 의식을 자극하는 문화를 만드는 것은 모두에게 용기가 필요한 일이다. 그러나 두 가지 모두 이루는 데 초점을 맞추겠다고 마음먹고 다른 사람들도 그렇게 하도록 격려한다면, 모두가 최고 수준의 성공을 거둘 수 있는 조건이 갖춰진다.

서로를 아끼는 일과 도전 의식을 자극하는 일, 이 두 가지를 결합하는 게 바로 높은 성과를 내는 팀들의 비결이다. 머리로 이해하기에는 별로 어려운 개념이 아니지만, 실제로 적용하려고 해보면 결코 쉽지 않은 일이다.

먼저 이를 실천하기에 어렵게 만드는 요소들부터 몇 가지 확인하고 넘어가자. 그러면 당신이나 당신의 팀이 최대한 효과적인 방식으로, 서로를 정말로 아끼고 열정적으로 자극하려면 어떻게 해야 할지 논의할 수 있을 것이다.

• **어려운 균형 잡기** 사람들은 대부분 두 가지 중 하나에 더 뛰어나다. 남을 아끼고 돌보는 것은 잘하지만 생산적인 방식으로 도전 의식을 자극하거나 팀원들에게 높은 기대치를 요구하는 일은 잘하지 못하는 사람들도 있다. 또 추진력 있고, 하나에 집중하고, 남들을 독려하는 것은 잘하지만 진심에서 우러난 관심과 고마움을 표현하는 데는 서툰 사람들도 있다.

스스로 이런 능력의 불균형을 눈치 채면 종종 자신이 잘한다고 생각하는 일을 덜 하거나 수준을 낮춰서 균형을 맞추려고 한다. 하지만 실제로 가장 좋은 것은 부족한 부분을 키우게끔 스스로를 자극하는 것이다. 당연히 이는 쉬운 일이 아니다. 남들에게 높은 기대치를 요구하면서도 그들을 아끼는 것, 즉 두 가지 사이에 딱 맞는 균형을 찾는 것은 누구에게나 어려운 일이며 계속해서 바뀌는 역동적인 과정이다.

• **끊임없는 변화** 그리스의 철학자 헤라클레이토스는 "삶에서 바뀌지 않는 것은 변화 그 자체뿐"이라고 했다. 맞는 말이다. 그리고 이 말이 현대 비즈니스 세계만큼 잘 맞는 경우도 없다. 모든 게 늘 바뀌고 있다. 이렇게 빠르고 큰 변화는 수많은 잠재적 난관을 낳지만, 특히 팀워크에도 큰 영향을 미친다. 서로를 아끼면서도 도전 의식을 자극하기 위해서는 튼튼하고 오래 지속되는 인간관계를 만들 수 있어야 한다. 그런데 사람들이 지속적으로 팀을

들락거리고, 업무의 내용과 일하는 방식이 계속 바뀌고, 만나는 사람이나 보고할 상대가 계속 달라진다면 그런 인간관계를 만들기 어려울 수 있다. 그리고 이런 상황들은 튼튼한 교감을 형성하기 힘들게 만들고, 안전하다는 기분이나 소속감을 느끼기 어렵게 한다. 그렇다면 성공하는 데 꼭 필요한 방식으로 팀이나 서로에게 헌신하기는 어려울 수밖에 없다.

• **두려움** 일을 하면서 혹은 인생을 살면서 두려움이 앞길을 막는 경우는 너무나 많다. 팀워크나 협업, 특히 팀원들을 돌보고 팀원들에게 높은 기대치를 요구하는 것과 관련해서 주로 두 가지 두려움이 있는 듯하다. 첫째, '정말로 누군가를 아끼게 되면 내가 상처받거나 실망하거나 이용당하지 않을까' 하는 두려움이다. 사람들은 대부분 그런 뼈아픈 경험을 갖고 있다. 상처받는 것에 대한 두려움은 어떤 말이나 행동을 제지하며 스스로를 보호하라고 한다.

둘째, 팀원들의 도전 의식을 자극하거나 그들에게 최고의 모습을 요구하면 상대도 나한테 그렇게 하지 않을까 하는 두려움이다. 그렇게 되면 내가 상대의 기대를 충족시키지 못하거나 상대를 실망시키거나 어려운 상황에 처하게 될지도 모른다고 생각한다. 사람들은 대부분 내 안의 최고 모습을 끌어낼 수 있게 누군가 나를 독려해주기를 바라지만 이는 또한 겁나는 일일 수도 있다.

그래서 우리는 주위 사람들과 무언의 협약을 체결한다. '네가 나를 너무 심하게 밀어붙이지만 않으면 나도 그러지 않을게. 그러면 우리 둘 다 안전하고, 상처받는 일도 없고, 창피할 일도 없을 거야.'

• **좋은 사람 콤플렉스** 우리는 대부분 '좋은 사람'이 되라고 배웠다. 어릴 때 부모님, 선생님, 그 외 많은 사람으로부터 '착한 아이'가 되라는 말을 들으며 성장했다. 이후에 직업을 갖고 사회생활을 할 때도 좋은 사람이 되어야 한다는 요구는 다양하고 끊임없이 이어진다. 하지만 때로는 좋은 사람이 되고 싶은 욕구 때문에 성공에 꼭 필요한 말이나 행동을 못 할 수도 있다. 다시 말해 상대가 화를 내지 않을까 걱정되어 어려운 대화를 꺼내지 못하는 것이다. 어쩌면 그 어려운 대화가 정말로 큰 도움이 될지도 모르는데 말이다.

사람들은 종종 서로 목소리를 내지 않고, 지적하지 않고, 도전의식을 자극하지 않고, 책임을 지우지 않는다. 다른 사람을 아끼고 친절하게 대하는 것은 건강한 인간관계와 튼튼한 팀을 만드는 데 반드시 필요하지만, 그게 늘 '좋은 사람'이 되어야 한다는 뜻은 아니다. 좋은 사람이 되려는 것은 가식을 부려서라도 남들이 나를 좋아해줬으면 좋겠고, 사회적으로 받아들여지는 행동을 하고 싶어서인 경우가 많다. 팀원들을 독려하고 최고의 모습을 발휘하도록 자극하는 게 늘 유쾌한 일은 아닐 수도 있다. 하지만 그들과 팀의 성공을 위해서는 꼭 필요한 일이다. 좋은 사람이 되려다가 결국은 개인도, 팀도 위대해지지 못하면 안 된다.

• **동기 부족** 서문에서 이야기했듯이 팀워크를 힘들게 만드는 요소는 많다. 우리는 팀을 이뤄서 일하는 훈련을 받지도 않았고, '우리 대 저들'이라는 함정에 빠지기도 하고, 나 자신에게 너무 많이 초점을 맞춘다. 여기에 이런저런 다른 요인들까지 합쳐지면 종종 팀에 정말로 헌신해야 할 동기를 찾기가 어려울 수 있다.

우리가 팀 전체로 월급을 받거나 승진을 하는 것도 아니지 않는가? 우리는 주로 개인 단위로 평가를 받고 보상을 받는다. 그리고 구체적인 업무나 데드라인도 팀 전체의 일이라기보다는 개인의 업무에 초점이 맞춰진 경우가 많다. 따라서 따로 시간을 내어 일부러 의식하거나 믿음을 갖지 않으면 내가 이루려는 성공과 나와 팀의 관계 사이에 직접적 연관을 알아채기가 힘들 수도 있다. 구체적인 직책이나 일의 유형에 따라서는 팀과 보조를 맞추거나 특별히 팀원들을 아끼고 그들의 도전 의식을 열심히 자극해줘야 할 실질적 동기가 불분명할 수도 있다. 어느 경우가 되었든, 둘 사이에 균형을 맞추려면 진정한 헌신과 용기가 필요한데 그게 늘 쉬운 일은 아니다.

앞서 얘기했듯 제4장의 원칙을 실천하기 어렵게 만드는 요소들을 언급한 것은 불평하기 위해서가 아니라 개인적으로 혹은 팀적으로 방해 요인들을 미리 알아보기 위해서였다. 이런 난관들을 미리 알고 있으면 의식적인 선택을 통해 그 어려움을 극복할 수 있고, 여러 방해 요인에도 불구하고 건강하고 효과적인 방식으로 팀원들을 아끼면서도 독려할 수 있다.

마지막 제4장의 원칙은 제1~3장까지의 원칙들을 토대로 세워진다. 가장 먼저 심리적 안전에 관해 이야기했고, 다음에는 포용과 소속감을 다루었다. 그다음에는 어려운 대화를 나누는 게 중요하다고 했다. 이 원칙들을 모두 실천하고 나면 이제는 팀 차원에서 최고의 성과를 내는 방법에 관해 이야기할 수 있다. 그리고 이게 바로 제4장의 핵심이다.

모든 구성원에게 최고의 모습을 끌어낼 수 있도록 서로를 아끼면서도 도전 의식을 자극할 수 있는 구체적 방법들을 더 깊이 알아보기 전에 훌륭한 팀들이 실제로 실천하고 있는 마음가짐과 아이디어를 살펴보자.

팀 케미스트리의 탄생

평소 강연에서도 자주 이야기하는 내용이지만, 한때 운동을 업으로 삼았던 나는 최고 수준으로 활동하고 최고의 성과를 내는 팀들을 '1등 팀'이라고 부른다. 이때 '1등 팀'과 '1등들이 모인 팀' 사이에는 중요한 차이가 있다.

1등 팀은 늘 이긴다는 보장은 없지만, 열정을 가지고 올바른 방식으로 게임을 한다. 이들은 최종 결과를 위해서만이 아니라 서로를 위해 헌신한다. 이런 팀들은 전체(팀)가 부분의 합보다 크다는 사실을 알고 있다. 그럭저럭 괜찮은 팀과 위대한 팀을 가르는 것은 이 책에서 줄곧 이야기했던 눈에 보이지 않는 것들과 팀 케미인 경우가 많다.

반면에 1등들이 모인 팀은 재능 있는 사람들, 동기 부여된 사람들로 채워져 있을지 몰라도 개인의 성공에 더 초점을 맞추는 경우가 많다. 그러나 1등 팀은 재능이 중요하다는 사실은 알지만, 팀 전체의 성공과 팀의 가장 높은 비전과 목표에 초점을 맞춘다. 전설적인 농구 선수 마이클 조던이 말한 것처럼 "재능으로 몇 게임을 이길 수는 있지만, 챔피언이 되려면 팀워크와 지능이 필요하다".

경영진 팀을 만나면 나는 이 구분을 살짝 다르게 표현한다. 1등 경영자들이 모인 팀은 자신이 최고의 모습을 보여주는 것에 초점을 맞춘 관리자들이 모여 있는 집단이다. 반면에 1등 경영진 팀은 본인들이 같은 팀의 일원임을 아는 리더들의 모임이다. 이들은 자신들이 단합하고 보조를 잘 맞출수록 자신에게도, 서로에게도, 부하 직원들에게도 도움이 된다는 사실을 알고 있다.

또한 1등 팀은 마음가짐이라는 측면에서 잘 이해하고 있는 두 가지 사항이 있다. 이 덕분에 그들은 서로 단합하고 훌륭한 성과를 낼 수 있다.

1. 역할과 임무의 차이 임무라고 하면 사람들은 대부분 자신이 하는 일을 떠올린다. 엔지니어링, 세일즈, 프로젝트 매니지먼트, 마케팅, 인사, 법률, 운영, 디자인, 금융 등 말이다. 이런 단어가 우리가 하는 일이나 직책을 표현할 수는 있지만 사실 그것이 우리의 '임무'는 아니다. 팀의 일원이라면 각자가 맡은 역할도 물론 있다. 그러나 우리의 임무는 내가 속한 팀이나 회사의 목적이 무엇이든 간에 그걸 이룰 수 있게 돕는 것이다. 다시 말해 '팀이 승리할 수 있도록' 무슨 일이든 해야 하는 것이 우리의 임무다.

사람들은 대부분 자신이 맡은 역할에 자부심을 느끼고 그 역할을 정말로 잘하고 싶어 한다. 이는 좋은 일이다. 하지만 내 역할

(구체적으로 내가 하는 일)을 내 임무(팀의 승리를 돕는 것)보다 앞세우게 되면 곤란한 상황이 전개된다. 개인적인 목표가 팀이나 조직의 목표보다 더 중요해지는 것이다.

이 단순하지만 중요한 구분을 이해하는 사람들(즉 모든 팀원이 역할만 다를 뿐 사실상 똑같은 임무를 띠고 있다는 사실을 이해하는 사람들)로 구성된 집단이나 회사는 가장 협업적인 환경에서 최고 수준의 성공을 이룰 수 있다.

2. 첫 번째 팀과 두 번째 팀의 차이 이 개념은 조직의 여러 단계에 위치한 관리자들에게 특히 중요하다. 만약 당신이 단독으로 일한다면 당신의 첫 번째(그리고 유일한) 팀은 상당히 명확하다. 보통은 동료들이다. 당신과 동일한 상사에게 보고하는 사람들 말이다. 당신의 팀이 속한 더 큰 팀이 있을 수도 있지만, 실제로는 두 번째 팀이란 게 없기 때문에 첫 번째 팀이 누구인지는 상당히 분명하다.

그런데 내가 관리자들에게 자신의 팀에 관해 이야기를 들려달라고 하면 보통 부하 직원들에 관해서 이야기한다. 고위직 리더라면 자신의 수하에 있는 좀 더 큰 조직을 이야기하는 경우도 있다. 이는 충분히 이해가 가는 일이다. 특히나 어느 기업에서 최고 경영자 수준까지 올라갔다면 말이다. 대부분의 리더는 '나의 팀'에 대한 자부심과 주인의식, 책임감이 있다. 나에게 직접 보고하거나 수하에 있는 사람들은 내 책임이고, 내가 코칭을 하거나 능력을 개발해주어야 할 사람들일 뿐 아니라 그들의 성과가 나의 평가에도 큰 영향을 주기 때문이다.

그러나 리더가 제 역할을 잘하고 경영진 팀이나 기업이 제 기능을 가장 잘하기 위해서는 나의 '첫 번째 팀'은 내가 팀원으로 있는 팀이며, 나에게 보고를 하는 사람들로 이루어진 팀은 나의 '두 번째 팀'이라는 사실을 알아야 한다. 이 말이 언뜻 이해가 가지 않을 수도 있다. 대부분의 리더는 본인 시간의 대부분을 자신이 관리하는 팀에 집중적으로 사용하기 때문이다.

그러나 회사가 가장 건강하고 효과적으로 운영되기 위해서는 경영진 팀이 실제 '팀'으로 기능해야 한다. 경영진 팀에 속한 사람들이 같은 팀에 속한 동료 내지는 팀원으로서 서로를 지원해주어야 한다. 단순히 '같은 상사를 모시는 관리자들의 모임'이 아니어야 한다는 얘기다. 이게 쉽지 않은 것은, 특히나 고위직 리더 수준에서는, 서로 경쟁적인 상황이 펼쳐지거나 자신의 우선순위가 동료의 우선순위와 충돌할 수 있기 때문이다. 그러나 내 동료들이 나의 첫 번째 팀이고, 부하 직원들은 내 두 번째 팀이라는 사실을 리더가 잘 이해한다면 모두에게 도움이 된다. 경영진 팀(특히 조직의 상층부)에 조금이라도 균열이 있으면 그 이하 수준에서는 균열이 기하급수적으로 커질 수 있다.

팀워크에 대한 이런 기본적인 마음가짐을 잘 이해한다면 자신이 맡은 구체적 역할에 관계없이 팀 성과와 팀 문화를 개선하기 위해 어디에 집중해야 할지 감이 잡힐 것이다. 서로를 아끼면서도 도전 의식을 자극할 수 있고, 더 좋은 성과를 낼 수 있다. 이처럼 우리가 모두 한 배를 타고 있다는 사실을 잘 인식하고 있는가 하는 문제는 주위 환경과 팀 성과에 큰 영향을 미친다.

감사는 돈보다 더 강력하다

나는 이 일을 하는 20년 내내 감사의 중요성에 관해 이야기를 해 왔다. 감사가 얼마나 막강한 힘을 가지고 있는지 내가 진행하는 거의 모든 세미나나 강연에서 빠짐없이 다뤘다. 감사라는 주제에 매료되기도 했지만, 높은 성과를 내는 팀의 가장 중요한 특징 중 하나가 서로에게 감사하는 문화라는 사실을 조사와 경험으로 알고 있다.

어떤 경우에는 감사가 돈보다 더 강력한 힘을 발휘하고 진정한 동기를 부여한다. 런던경제대학London School of Economics 연구진은 사람들에게 동기를 부여하는 측면에서는 금전적 인센티브가 오히려 역효과를 불러올 수 있다는 사실을 발견했다. 연구진은 51개의 개별 실험 결과를 분석했는데 '직원은 과제 완수를 통해 기쁨을 얻으려는 자연스러운 성향이 있고 인센티브가 오히려 그런 성향을 위축시킬 수 있다'는 증거를 압도적으로 많이 발견했다. 또한 글래스도어에서 실시한 '직원 감사 설문 조사Employee Appreciation Survey'에 따르면 답변자의 53퍼센트가 '회사가 나에 대해 좀 더 감사하게 생각한다면 지금 회사에 더 오래 다닐 것'이라고 했다.

제4장에서는 우리가 서로를 아끼고 도전 의식을 자극하는 문제에 관해 이야기하고 있다. 이와 관련해 팀원이나 함께 일하는 사람들에게 마음을 표현하는 가장 좋은 방법 중 하나가 바로 감사를 전하는 일이다. 또한 감사의 마음이 인간관계 및 팀의 기초가 되면 가장 긍정적이면서도 효과적인 방식으로 서로의 도전 의식을 자극할 수 있다.

그러나 서로에게 혹은 팀원 및 교류하는 사람들에게 감사의 힘을 온전히 활용하기 위해서는 한 가지 중요한 구분을 이해하고 있어야 한다. 바로 인정과 감사의 구분이다.

인정

인정은 결과나 성과에 기초한 긍정적 피드백을 말한다. 인정은 종종 형식을 갖춰 주어지기도 한다. 상이나 인센티브, 승진, 연봉 인상, 선물, 공개 석상에서의 인정 등이 그것이다. 이보다 형식을 덜 갖춘 인정도 있다. 단순히 고맙다는 말 한마디를 해주는 것, (말 그대로 혹은 은유적으로) 등을 두드려주는 것, 편지를 쓰는 것 혹은 무엇이든 간단하게나마 잘 해냈다는 걸 알려주는 것이면 된다. 이런 것들은 타이밍에 맞춰 후하게 진정성 있는 방식으로 주어질 때 특히 중요한 역할을 한다. 또한 이렇게 인정을 받으면 절로 신이 나고 동기가 부여되는 경우가 많다.

약간 낯뜨거울 수는 있어도, 일을 잘했다고 인정받는 것을 싫어할 사람은 거의 없다. 또한 인센티브나 연봉 인상, 각종 상 수상 등은 대부분의 사람이 아주 좋아하는 것들이다.

그렇지만 인정은 몇 가지 문제와 한계가 있다. 첫째, 인정은 성과 기반이기 때문에 조건부다. 둘째, 인정은 과거에 대한 것이고 이미 끝난 일이 기준이다. 셋째, 인정은 자주 주어지지 않는다. 모든 사람에게 인정이 돌아가기에는 그 기회가 제한적이며, 어떤 때는 한정된 양의 인정 기회를 놓고 많은 사람이 다투기도 한다. 마지막으로 많은 조직이 동료들끼리 서로 인정해줄 수 있는 내부 인정 프로그램을 마련해놓고 있긴 하지만 인정의 주된 형태(승진, 연봉 인상, 인센티브, 주요 상 수여 등)는 보통 윗선에서 결정한다는 점이다. 이는 리더들에게 추가적인 부담이 되고, 그렇기 때문에 인정은 팀 지향의 경험이라기보다는 톱다운top-down 방식의 관행에 가깝다.

감사

반면에 감사는 한 사람의 내재적 가치를 인정해주는 일이다. 그 사람이 이룬 성취나 결과를 인정하는 게 아니라 인간으로서 있는 그대로의 그 사람에게 감사하는 것이다. 간단히 말해 인정은 행위에 대한 것이고, 감사는 사람에 대한 것이다. 이 구분이 중요한 이유는 개인으로 혹은 팀으로 성공한다고 해도 중간 과정에서 실패나 난관이 있는 경우가 많기 때문이다. 또는 그렇지 않다고 해도 특별히 인정해줄 만한 눈에 보이는 결과가 없는 경우도 있다.

우리가 순전히 긍정적 결과에만 초점을 맞춘다면, 서로 교감하고 응원하고 감사할 수 있는 수많은 기회를 놓치게 된다. 대부분의 사람이 살면서 혹은 일을 하면서 정말로 바라는 것은 내가 한 일이 아니라 '나'라는 사람 자체로서 아낌을 받고 감사를 받는 일이다.

감사는 성과에 대한 보상이 아니라 인간으로서 그 사람의 가치를 인정하는 것이기 때문에 누군가의 역할이나 결과에 구애받지 않는다. 다시 말해 누구라도 어떤 이유에서든지, 언제든지 아무 팀원에게든 감사할 수 있다. 서로에 대한 감사에 초점을 맞추고 그 마음을 표현하는 것은 내가 팀원들을 아낀다는 사실을 보여줄 수 있는 강력한 방법이다. 또한 건강하고 생산적인 방식으로 주위 사람들에게 도전 의식을 북돋워줄 수 있기 위해서도 감사는 반드시 필요하다.

당신의 인생에서 내 도전 의식을 자극해도 좋다고 암묵적으로 허락을 내준 사람들을 한번 생각해보라. 그 사람들이 하는 말이나 행동, 표현 방식이 꼭 마음에 들라는 법은 없다. 하지만 당신은 기꺼이 그들의 피드백을 고민해볼 것이고, 그들이 당신을 다그치는 것을 허락할 것이다.

이유가 뭘까? 그들이 당신이 아는 가장 똑똑한 사람이거나 무언가 특별한 힘을 가진 사람이어서일까? 아닐 것이다. 그 사람들은 개인적으로 당신이 신용하는 사람들이다. 진정으로 나의 가치를 알아주고, 나를 소중하게 생각하고, 아낀다는 것을 당신이 알고 있는 사람들이다. 그렇기 때문에 그들의 피드백에 귀를 기울이고 그들이 도전 의식을 독려하는 것을 허락하는 것이다.

감사는 내가 팀원들을 아끼고 그들의 도전 의식을 자극하며, 그들이 나를 아끼고 내 도전 의식을 자극하도록 허락하는 양쪽 모두의 바탕이 된다.

팀원들에게 감사하는 (크고 작은) 방법은 아주 많다. 그중에는 자주 할 수 있는 방법도 있고, 팀 미팅이나 워크숍, 중요한 행사

등과 같이 특별한 경우에 쓰는 방법도 있다. 워크숍을 진행할 때 추천하는 연습 중 하나가 '감사 의자' 연습이다.

감사 의자 연습

감사 의자 연습을 실제 해보면 엄청난 유대감을 경험할 수 있다. 팀원들이 서로에게 감사를 표현하고 또 받을 수 있는 구체적인 자리일 뿐 아니라 서로를 아낀다는 사실을 유감없이 보여줄 수 있는 기회다. 내가 이 연습을 좋아하고 자주 활용하는 이유는 간단하면서도 효과는 아주 크기 때문이다.

이 연습은 가능하면 팀원 전체가 모여서 하는 게 가장 좋지만, 참석 인원이 열다섯 명은 넘지 않는 게 이상적이다. 시간 소요도 그렇고, 아주 내밀한 성격의 연습이기 때문이다. 열다섯 명이 넘는다면 작은 단위로 나누는 게 좋다. 방식은 간단하다. 모든 참석자가 '감사 의자'에 앉을 기회를 갖는데 본인 차례가 되면 조용히 의자에 앉아서 다른 사람들이 표현해주는 감사를 받으면 된다.

이 연습의 준비 과정에서는 감사의 힘에 관해, 특히 인정과 감사의 차이에 관해 이야기해주어야 한다. 이 연습을 왜 하는지 사람들이 알 수 있게 배경을 설명해주는 게 좋다. 감사를 표현하고 받을 기회를 일부러 마련해서 팀원들에게 그들을 소중히 생각한다는 사실을 알려주고, 팀원 간에 아끼는 마음과 교감을 늘리기 위한 것이라고 설명하면 된다.

타이머를 2분에 맞추고 첫 주자를 선택한다(너무 불편해하거나 이 자리를 농담으로 변질시키지 않을 만한 사람, 마음을 열고 진정성 있게 팀원들로부터 감사를 받을 수 있을 만한 사람을 고르면 좋다). 2분 동안 참석자들은 감사 의자에 앉은 오직 한 사람에게 모든 관심을 집중한다. 정해진 순서는 없으며, 누구라도 이 사람에게 감사를 전하고 싶은 마음이 들면 표현하면 된다.

감사를 받는 사람은 오직 "고맙습니다."라는 말만 할 수 있다. 차례가 된 사람(과 모든 참석자)에게 이 점을 상기시켜주는 게 중요하다. 왜냐하면 사람들은 사회 통념상 혹은 불편함 때문에 감사를 사양하려는 경향이 있기 때문이다. 모두가 발언을 해야 하는 것은 아니고, 보통은 그럴 시간도 없다(시간이 있다면 참석자 전원이 감사를 표현해도 된다).

타이머의 2분이 지나면, 다음 사람이 이어가면서 모든 참석자가 감사 의자에 앉을 때까지 반시계 방향으로 돌아간다.

연습이 끝나고 모두가 감사의 말을 들으면 참석자들에게 고마움을 표한다. 그리고 이 연습을 함께하고 감사 의자에 앉아본 기분이 어땠는지 각자의 경험을 되새겨보게 한다. 감사가 가진 일반적인 힘에 대해서 그리고 앞으로도 팀이 계속해서 이런 식으로 소통하고 운영되려면 어떻게 해야 할지 다 함께 토론해보는 것도 좋다.

팀원들로부터 감사를 받는다는 게 대부분의 사람에게는, 특히 처음에는 다소 어색하고 발가벗겨진 것 같은 기분이 들 수도 있지만 보통은 아주 소중하고 강렬한 경험이 된다. 팀원들에게 감사를 표현할 수 있고 진심으로 받아들여질 수 있다는 건 정말로 기분 좋은 일이다.

알아채라, 결심하라, 용기 내라

감사를 표현하기가 쉽지 않은 이유 중 하나는 대부분의 사람이 남들에게서 감사를 받는 게 그리 편안한 일이 아니기 때문이다. 누가 우리에게 감사를 표하면 불편함을 느끼는 경우가 많고, 사회 통념상 칭찬을 상대에게 돌려주거나 민망함에 괜스레 자신을 폄하하거나 농담을 하는 식으로 칭찬을 사양하는 경향이 있다. 이런 것들은 정상적인 반응이긴 하지만, 감사를 진심으로 받아들이는 데 방해가 되고, 감사를 표현하기도 더 어렵게 만든다.

칭찬 듣는 것은 선물을 받는 것과 같다. 그냥 고마운 마음으로 받으면 된다. 금세 비슷한 선물을 돌려주면서 선물의 의미를 깎아내릴 필요가 없다. 안타깝게도 우리는 그런 식으로 반응하는 경우가 많지만 말이다. '감사 의자' 연습에서 나는 모든 참석자에게 이 점을 상기시키면서 경청하고, 호흡하고, 감사를 진심으로 받아들이라고 말한다. 감사를 표현하거나 받는 과정에서 사람들이 울컥하는 일도 드물지 않다. 간단한 연습이 그처럼 깊은 울림을 주는 것에 매번 놀라곤 한다.

감사 의자 연습과 후속 토론을 끝낼 때쯤 종종 우리가 방금 한 것은 억지로 했던 인위적인 연습이라는 점을 상기시킨다. 내가 참석자들에게 서로 긍정적인 이야기를 해주라고 시켰고, 그들은 그대로 따른 것에 불과하다고 말이다. 그런데도 참석자들은 서로를 알고, 함께 일하고, 서로 아끼기 때문에 보통은 어렵지 않게 감사할 만한 일을 찾아낼 수 있고 이는 아주 뿌듯한 경험이 된다. 그저 알아채고, 결심하고, 용기를 내기만 하면 된다. 감사는 이렇게 시켜서 하는 경우에도 여전히 의미 있고 진심일 수 있다.

나는 또 참석자들에게 팀원들이 해준 말이 쉽게 잊히지 않을 거라는 얘기도 해준다. 마지막으로 서로에게(그리고 타 부서의 사람들이나 고객, 고위직 리더들, 심지어 친구나 가족에게까지) 좀 더 자주 감사를 표현할 수 있는, 간단하면서도 실용적인 방법을 찾아보라고 권한다.

감사는 큰 효과가 있다. 감사는 상대를 아낀다는 사실을 보여줄 수 있는 중요한 방법이다. 궁극적으로 감사는 팀 내 교감과 팀 문화, 팀 성과를 향상시킬 수 있는 최고의 방법 중 하나다.

팀워크를 이루는 요소들

호기심

팀원들(혹은 누구든)을 아끼는 중요한 방법 중 한 가지는 상대의 성격이나 성향에 대해 진정한 호기심과 관심을 갖는 것이다. 구글에서 '아끼다caring'라는 단어를 검색해보면 '타인을 향한 친절과 걱정을 드러내는 것'이라는 정의가 나온다.

로잔느 비스비 데이비스Roxanne Bisby Davis는 시스코에서 팀 분석 및 연구 책임자를 맡고 있다. 로잔느가 일원으로 있는 리더십 및 팀 정보Leadership and Team Intelligence 부서는 시스코의 각 리더와 팀들이 최고 수준의 성과를 낼 수 있게 돕는 조직이다. 로잔느의 팀은 최고의 관리자나 팀들이 구체적으로 무엇을 하는지 조사해서 검증된 전략과 실용적 제안들을 회사 전반에 전파한다. 회사 전체가 높은 성과를 내는 팀 문화를 형성할 수 있게 하기 위해서다.

로잔느는 이렇게 말했다. "팀원들에게 관심을 갖는 것은 팀 성 공에 필수입니다. 하지만 이따금 미팅이나 몇 번 갖고, 일 년에 한 번 워크숍을 가고, 한 달에 한 번 전체 팀원이 모여서 전략에 관 해 이야기하는 그런 관심을 말하는 게 아닙니다. 서로에 대해 제 대로 알아갈 수 있는 관심을 말하는 거예요. 각자 신나게 일할 수 있는 조건이 무엇인지, 우울해지는 요인은 무엇인지 이해하는 겁 니다. 지속적으로 자주 관심을 주어야 해요. 하루에도 몇 번씩, 일 주일에도 몇 번씩 서로 교감할 수 있는 기회를 빈번히 가져야 합 니다."

로잔느는 말을 이었다. "이렇게 지속적이고 진정성 있는 관심 을 기울이는 사람은, 그러니까 관심을 주고받는 것을 적극적으로 받아들이는 팀이나 리더, 개인은 그렇지 않은 사람들보다 훨씬 더 업무에 몰입하고 더 좋은 성과를 냅니다. 이들은 업무에 관해 이야기하는 방식부터가 다릅니다. 훨씬 더 긍정적인 어조가 돼 요. 나를 아끼는 누군가가 매일 나에게 최고의 모습을 발휘해보 라고 도전 의식을 자극해주면 더 빠르게 성장합니다."

팀원들에게 호기심과 관심을 가지려면 어느 정도 시간과 노력 이 필요하다. 함께 일하는 사람들을 인간적 차원에서 알아가고, 교류하고, 교감하려는 의지가 필요하다. 그들과 공통점이 많을 수도 있고 아닐 수도 있다. 같은 장소에서 살거나 일할 수도 있고 아닐 수도 있다. 그러나 시간을 내서 팀원들에게 손을 내밀고, 귀를 기울이고, 질문을 하고, 진정으로 관심을 기울이면 더 튼튼한 인간관계를 쌓을 수 있다. 나아가 상대와 나, 팀원 전체가 더 깊은 차원에서 더 성공적으로 함께 일할 수 있다.

연민과 친절

누군가 연민compassion을 '공감의 실천'이라고 설명하는 걸 들은 적이 있다. 공감은 타인의 감정을 느끼고 이해하는 것이지만 연민은 타인의 행복에 기여하고 싶은 마음이다. 즉 연민이 더 적극적인 성격을 띠고 있다. 이 말은 곧 우리가 연민을 습관으로 삼을 수도 있다는 뜻이다. 의도적으로 그리고 습관적으로 서로에게 연민을 보여주는 팀은 더 좋은 결과를 낸다. 연민을 가지고 일하면 서로를 아끼는 마음을 더 구체적으로 보여줄 수 있다.

웨스턴코네티컷주립대학교의 정치사회과학 교수이자 《연민과 성공The Compassionate Achiever》의 저자인 크리스 쿡Chris Kukk은 2018년 4월 〈사이컬러지 투데이Psychology Today〉와의 인터뷰에서 이렇게 말했다. "성공이라고 하면 오직 1등만을 바라는 개인주의적인 개념을 떠올리는 경우가 많습니다. 하지만 심지어 다윈도 정말로 효율적이고 효과적인 종種은 동정심 있는 구성원이 많다고 했어요." 쿡의 연구에 따르면 연민은 회복력과 신체 건강 증진에 도움이 될 뿐 아니라 개인이나 팀의 성공에 늘 빠지지 않는 특징이다. 연민의 문화를 만들어내는 팀은 업무 몰입도가 높고, 혁신적이고, 서로 협업하며, 최고의 성과를 낼 가능성이 높다.

내가 진행하는 팟캐스트에서 스콧 슈트Scott Shute를 인터뷰한 적이 있다. 스콧은 링크트인에서 6년간 글로벌 고객 운영 담당 부사장을 지내며 직원 1,000명의 큰 조직을 이끌었다. 리더십과 조직문화, 성과에 깊은 관심을 갖고 있던 스콧은 2018년 '마음챙김과 연민 프로그램mindfulness and compassion program' 책임자라는 새로운 직책을 맡았다. 링크트인에서 스콧의 팀은 직원들, 리더들, 그룹들의 인식과 능력 확장을 지원하는 프로그램을 시행했다. "링크트인의 비전을 달성하는 데 필요한 가장 큰 능력은 연민이에요." 스콧의 말이다. "저희는 연민이 단순히 인생을 더 잘 사는 방법이라고 생각하지 않아요. 연민은 팀을 더 공고히 하고, 사업을 더 성공적이며 지속가능하게 키우는 훌륭한 방법이에요. 연민은 세상에 긍정적인 영향을 줍니다."

연민과 마찬가지로 친절도 우리가 개발하고, 키우고, 실천할 수 있는 부분이다. 그저 '좋은 사람'이 되는 것과는 달리, 친절은 팀원들(및 함께 일하고 교류하는 모든 사람)을 상냥하게 대하고, 그들을 응원하고 배려하는 것이다. 이는 의식적이고 진정성 있는 '선택'이라고 할 수 있다. 미국심리학협회American Psychological Association

에서 실시한 조사에서는 직장에서 친절한 대접을 받는 사람들은 대조군에 비해 동료들에게 약 300퍼센트 더 관대한 태도로 그 친절을 돌려줬다고 한다.

친절과 연민은 '전염성'이 있다. 팀원들에게 연민을 가지고 친절하게 대하려고 할수록 그들도 우리나 다른 모든 팀원에게 똑같이 할 가능성이 크다. 그리고 팀원들에게 지속적으로 연민과 친절을 베풀면 우리가 팀원들을 아낀다는 사실을 보여줄 수 있고, 모든 구성원이 최고의 결과를 내는 팀 문화를 만드는 데도 도움이 된다.

균형

팀원들을 아끼는 것과 그들의 도전 의식을 자극하는 것 사이에서 균형을 잡는 일은 그리 호락호락하지 않다. 하지만 이는 팀과 조직의 문화 및 성공을 만드는 중요한 토대다.

디라지 판데이는 캘리포니아주 산호세에 위치한 소프트웨어 기업 뉴타닉스의 공동 설립자이자 회장 겸 CEO이다. 뉴타닉스는 크고 작은 기업들이 클라우드나 현장에서 데이터센터를 현대화하고 애플리케이션을 운영하는 것을 돕는 일을 한다. 뉴타닉스는 2009년에 설립되어 2016년 상장되었고, 2018년에는 매출 10억 달러를 달성했다. 뉴타닉스의 직원은 5,000명이 넘고 계속 늘어나는 중이다. 영광스럽게도 지난 4년 동안 계속해서 디라지 및 그의 경영진 팀, 회사와 함께 일할 기회가 있었다. 뉴타닉스의 괄목할 만한 성장을 옆에서 지켜보는 것은 즐거운 경험이었다. 디라지는 믿기지 않을 만큼 높은 IQ를 (그만큼 똑같이 높은 수준의) EQ와 결합하는 리더이고, 이는 그의 팀이 그토록 성공한 이유 중에 하나다. 디라지는 사람들을 아끼면서도 동시에 그들의 도전 의식을 자극하는 것의 중요성을 잘 이해하고 있다.

이와 관련해 디라지는 이렇게 말했다. "팀원들을 아끼고 그들의 도전 의식을 자극하는 것은 외줄타기와 같아요. 균형을 잡는 게 핵심입니다. 장기적인 성과에서 중요한 것은 머리와 가슴의 균형을 맞추는 것이라고, 저는 끊임없이 되새깁니다. 회사를 세우면서 사람들에게 '호감'을 사는 것과 '존경'을 받는 것의 차이를 분명히 알게 됐어요."

그는 이렇게 말을 이었다. "사람들을 아끼면 한번 다르게 생각해보라고 도전 의식을 자극할 수 있는 힘이 생깁니다. 그리고 팀원들의 도전 의식을 자극하게 되면 부수적으로 긍정적인 효과가 하나 있는데, 제가 생각을 열심히 하게 된다는 거죠. 티는 내지 않지만 팀원들의 도전 의식을 자극할 때면 저도 무작정 그럴 수는 없으니 나름 책을 읽고, 전문가 의견도 듣고, 비슷한 사례가 있는지 찾아보게 돼요. 그렇게 어려운 대화를 나눠야 할 때 제가 무작정 CEO의 직함을 들이밀지 않고 나름의 공부를 한다는 건 제가 팀원들을 아낀다는 걸 보여주는 또 하나의 방법입니다. 그 과정에서 제 생각도 더 정교해지니까 저한테는 강력한 자기계발 수단이 되기도 하고요. 이를 통해서 궁극적으로 저나 우리 팀원들이 다들 더 훌륭해지는 게 저의 바람이에요."

디라지가 언급한, 머리와 가슴의 균형을 잡는다는 개념은 아주 중요하다. 사람들을 진정으로 아끼면 사람의 도전 의식을 자극하더라도 상대는 우리의 말을 경청하고, 영감을 받고, 긍정적 영향을 받을 수 있다.

만약 우리가 사람들을 아끼면서도 도전 의식을 자극하지 않는다면 상대는 독려해주는 사람이 없으므로 개인적 잠재력을 온전히 다 펼치지는 못할 것이다. 그러면 다 함께 번창할 수도 없다. 반대로 사람들의 도전 의식을 자극하기는 하지만 진정으로 그들을 아끼지는 않는다면 사람들은 처음에는 열심히 일하고 결과를 내놓으려고 할지 몰라도, 시간이 지나면 스트레스에 지치고 번아웃^{burn out}이 오고 우리를 원망하게 될 것이다.

우리는 두 가지를 모두 할 수 있어야 한다. 열정적이고 진정성 있는 방식으로, 건강한 균형을 이루면서 말이다.

헌신

헌신은 팀 문화의 바탕으로, 헌신이 있어야 최고 수준의 성과를 낼 수 있다. NFL 초기에 그린베이 패커스Green Bay Packers를 두 번이나 슈퍼볼 우승까지 이끌었던 전설의 미식축구 감독 빈스 롬바디Vince Lombardi는 이렇게 말했다. "집단의 노력에 대한 개인의 헌신이 있어야만 팀이 돌아가고, 기업이 돌아가고, 사회가 돌아가고, 문명이 돌아간다." 팀 성과에 대한 롬바디의 말도 옳지만, 팀의 노력에 대한 개인의 헌신에 더해서 우리는 목표를 분명히 알아야 한다. 그리고 그 목표에 헌신할 것을 약속해야 하고, 서로에게 헌신해야 한다.

팀 개발 프로그램을 시작할 때 나는 종종 참석자들에게 평생 경험했던 팀 중에 가장 좋았던 팀을 한번 떠올려 보라고 한다. 그리고 그 팀을 훌륭하게 만들었던 요소가 과연 무엇이었는지 생각해보라고 한다. 그러면 정말 다양한 답이 나오지만, 빠지지 않고 항상 등장하는 것은 바로 헌신과 '서로의 뒤를 지켜주었다'는 것이다.

'나'라는 개인보다 더 큰 무언가이면서 팀원 전체에게 영감을 주는 뚜렷한 목표에 다 함께 헌신한다면, 단합해서 일을 한번 저질러보자는 도전 의지에 불을 붙일 수 있다. 작가 닐 코케멀러Neil Kokemuller에 따르면 "팀원들이 헌신적일 때 가장 좋은 점은 그 결과가 재무 성과로 드러난다는 점이다. 헌신적인 직원은 동료와 팀, 조직에 도움이 되는 의사결정을 내린다. 프로젝트나 일을 협업해서 추진하면 보통 더 좋은 아이디어와 성과가 나온다".

모든 구성원에게 최고의 모습을 끌어내는 방식으로 협업하기 위해서는, 지금 하고 있는 일에 온전히 헌신해야 한다. 이는 우리가 완벽하다거나 절대로 실수를 저지르지 않는다거나 의구심이 전혀 들지 않는다거나 서로 늘 의견이 일치한다는 뜻은 아니다. 훌륭한 팀은 서로 일을 망쳐놓는 것까지 허용한다. 소속감을 만들어내기 위해서라면 무슨 일이든 한다. 불편한 의견 충돌과 피드백도 기꺼이 받아들인다. 그 외에도 팀의 성공에 반드시 필요한 내용들은 때로는 버겁고 불편할 수도 있다. 이를 극복하며 나아가기 위해서는 팀이 달성하고자 분투하는 크고 중요한 목표가 있어야 한다.

서로에게 그리고 팀에 헌신한다는 것은 서로 최고의 모습을 끌어내주고, 약속한 일은 약속한 시점까지 실제로 이행하고, 서로의 성공과 행복을 위해 노력한다는 뜻이다. 팀이 원하는 대로 성과를 내려면 일과 공동의 목표 그리고 서로에게 올인all-in해야 한다.

책임

헌신과 책임accountability은 직접적으로 연관된다. 그런데 책임은 성장과 발전, 성과, 성공을 위해 반드시 필요하면서도 어렵고 불편하다는 점에서 의견 충돌이나 피드백과도 비슷한 면이 있다. 사람들은 대부분 책임을 추궁당하는 것을 좋아하지 않으며, 남에게 책임을 묻는 것은 더더욱 좋아하지 않는다. 그러나 책임을 지지 않는 것은 모두의 성공에 방해가 된다.

오웬스 코닝Owens Corning의 CEO를 지낸 마이크 타먼Mike Thaman은 '누군가에게 책임을 묻는 것'과 '타인에게 책임감을 심어주는 것'을 엄격히 구분한다. 전자는 주로 부정적이고 징벌적인 의미를 내포하지만, 후자는 누구의 성과와 성공으로 귀속될 것인가 하는 문제다.

심리적 안전과 진정한 소속감을 확보하고, 어려운 대화를 기꺼이 나누는 것 등은 이런 건강한 책임감을 만들어내는 데 중요하다. 집중할 수 있는 분명한 목표와 기준을 갖는 것도 반드시 필요하다. 이에 헌신하고 팀원들 사이에 책임감이 충만한 문화를 만들어낸다면 팀원 개인과 팀 전체의 업무 수행 및 성과가 향상될 것이다.

조엘 콘스터블Joel Constable은 인튜이트Intuit의 인재 개발 책임자다. 조엘과 나는 그가 구글과 핀터레스트Pinterest에 근무하던 시절부터 알고 지내며 여러 번 함께 작업했다. 팀원들에게 책임감을 잘 심어줄 수 있는 방법에 관해 조엘에게 물었더니 그는 이렇게 말했다. "제가 목격한 가장 효과적인 방법은 맡은 임무를 지속적으로 조율하고 명확히 하는 겁니다. 아무리 강력한 신뢰가 바탕이 된 팀이라고 해도 각자가 무엇을 언제까지 해야 하는지 시간을 내서 문서로 명확히 해두지 않으면 책임 소재의 문제가 생길 수 있어요. 팀원이 맡은 업무를 이행하지 못했다면 책임을 묻는 게 불편하지 않겠지만, 업무나 마감일에 대한 생각이 서로 달랐다면 책임을 따지기가 훨씬 어렵겠죠."

조엘은 이렇게 말을 이었다. "책임감의 적은 애매모호함인 경우가 많습니다. 이 부분은 회의 때 흔히들 저지르는 실수예요. 업무를 논의했고 누가 뭘 해야 하는지도 대충 알지만, 제대로 시간을 들여서 책임자와 기한을 명확히 짚고 넘어가지 않는 거죠. 그러나 이렇게 해야만 책임 소재도 분명해지고 일이 제대로 진행됩니다."

리더는 정확히 언제까지 무엇을 할 것인지 명확히 해둘수록 팀원들의 도움을 받고 책임자로 인식되기가 쉬우며 책임을 지거나 묻는 것도 더 잘할 수 있다. 팀에 건강한 책임 문화가 더 튼튼하게 자리 잡을수록 성과도 더 좋아질 것이다.

《문화는 전염된다Contagious Culture》를 쓴 어니스 캐버노Anese Cavanaugh가 이런 말을 한 적이 있다. "함께 작업을 해보면 최고의 팀들은 서로 어떻게 책임을 지고 어떻게 압박할지 미리 약속을 해둡니다." 다시 말해 그들은 자신이 맡은 일을 성공시키는 데 있어서 주인의식을 갖고 있으며, 본인과 팀의 성과를 모두 높일 수 있는 방식으로 팀원들의 지원과 책임감을 끌어낸다.

책임을 지는 문화에서 중요한 것은 망신주기나 탓하기, 비난이 아니다. 그런 것들은 팀원 사이의 관계나 팀 문화, 성과에 해롭다. 책임 문화에서 중요한 것은 팀의 목표와 행동 기준, 구체적 업무에 헌신하는 것이다. 또한 팀원들이 나에게 관심을 기울이며 나를 아낀다는 사실을 알고, 나에게 그런 책임을 맡기는 것은 개인과 팀의 성공을 위해 다 함께 노력하고 있기 때문이라는 사실을 아는 것이다.

끝까지 해내는 힘

개인과 팀의 성공에서 투지는 늘 중요한 개념이었다. 최근에 투지가 훨씬 더 많이 언급된 것은 펜실베이니아대학교 심리학 교수인 앤절라 더크워스Angela Duckworth의 연구 결과와 그녀가 쓴 베스트셀러《그릿》덕분도 있다. 더크워스에 따르면 투지란 오랜 시간과 노력이 필요한 일을 완전히 마스터할 때까지 물고 늘어질 수 있는 능력이다. 중간에 여러 장애물과 차질이 있다고 해도, 아니 오히려 그럴 때일수록 투지는 더욱 빛을 발한다.

더크워스는 이렇게 말한다. "투지가 있는 사람은 성취를 마라

톤처럼 생각한다. 그들의 장점은 체력이다."

　투지의 중요성은 개인의 발전이나 성과, 성공에 초점이 맞춰지는 경우가 많지만, 투지는 팀에도 반드시 필요하다. 2018년 가을 《하버드 비즈니스 리뷰》에 실린 글에서 더크워스와 하버드대학교 의학대학원 교수 토머스 리Thomas Lee는 이렇게 말했다. "투지가 있는 팀은 투지가 있는 개인과 똑같은 특성을 갖고 있다. 열심히 노력하고, 배우고, 더 나아지겠다는 욕구가 있는 것이다. 이들은 차질이 생겨도 회복력이 있고, 우선순위와 목적의식이 뚜렷하다."

　오늘날 비즈니스 세계는 변화의 속도가 상당히 빠르지만, 팀이 지속적으로 성공하기 위해서는 투지가 필수다. 잘될 때도 있고 잘되지 않을 때도 있을 것이며, 이길 때도 있고 질 때도 있을 것이며, 극복해야 할 역경도 많을 것이다. 장기 목표에 초점을 맞춰야만 오랜 시간 모든 걸 바쳐 뛰어난 결과를 만들어낼 체력을 유지할 수 있을 것이다.

팀원들에게 최고의 모습을 끌어내는 방법

최고 수준의 성과를 내는 팀들은 서로에게서 최고의 모습을 끌어내는 방법을 안다. 그들은 서로를 매우 아끼고 팀의 성공을 향한 의지가 대단하기 때문에 도전 의식을 자극하는 것이 허용된다. 그래야 모든 팀원이 잠재력을 실현할 수 있다는 사실을 알기 때문이다.

방법은 서로 다르게 보일 수도 있지만 그 밑바닥에는 팀원과 팀이 달성 가능한 최고의 모습에 도달하려면 서로를 한계치까지 밀어붙일 수 있어야 한다는 공통된 인식이 깔려 있다. 그래야 전체 팀원의 훌륭한 면면을 다 활용할 수 있을 것이기 때문이다.

골든 스테이트 워리어스의 드레이먼드 그린이 농구장에서 종종 팀원들에게 잡아먹을 듯이 소리를 지르는 이유는 그가 팀원들과 팀 전체의 성공을 위해 헌신하고 있기 때문이다. 동료들은 그가 동료들을 얼마나 아끼는지, 얼마나 이기고 싶어 하는지 잘 알고 있다. 워리어스는 믿기지 않을 만큼 높은 기준을 세웠고, 드레이먼드와 팀원들은 그 기준을 만족시키기 위해 헌신한다. 드레이먼드는 자신의 임무가 팀의 승리를 돕는 것임을 정확히 알고 있다. 그래서 코트 위에서 하는 플레이뿐 아니라 팀원들이 최고의 모습을 발휘할 수 있게 자극하는 일까지 최선을 다하는 것이다.

팀원들에게 잡아먹을 듯이 화를 낼 것이냐 하는 부분은 성격에 따라 다를 것이다. 또 각 팀의 문화와 팀원들의 성격에 따라서는 그게 최선의 접근법이 아닐 수도 있다. 하지만 서로에게서 최고의 모습을 끌어낼 수 있는 방법을 찾아내 기꺼이 서로를 독려하는 것은 팀의 성공에 매우 중요하다.

최고의 모습을 끌어낼 수 있게 누가 나의 도전 의식을 자극해주는 것은 누구나 바라는 일이다. 이런 식의 교류를 위해서는 용기와 헌신이 필요하지만 충분히 그럴 만한 가치가 있다. 이는 인간관계나 성과, 조직문화라는 측면에서도 여러모로 꼭 필요한 일이다. 훌륭한 가족과 마찬가지로 훌륭한 팀이 최대한 건강하고 생산적인 기능을 해내기 위해서는 서로를 아끼는 동시에 도전 의식을 자극하는 것이 필수이다.

서로의 도전 의식을 자극하기 위한 리더의 역할

리더는 팀의 분위기를 결정한다. 앞에서 이야기한 것처럼 팀원들이 서로를 아끼면서도 도전 의식을 자극하기 위해서는 리더가 두 가지 모두를 열정적이면서도 균형 있게 해내는 것이 아주 중요하다. 그런 맥락에서 리더가 팀의 성과를 높일 수 있는 구체적인 사항을 몇 가지 소개한다.

• **팀원들에게 감사한다** 갭의 손실 예방 및 글로벌 지속가능성 담당 수석부사장 키스 화이트는 내가 진행하는 팟캐스트에서 이렇게 말했다. "훌륭한 리더는 사람을 좋아합니다." 맞는 말이다. 그렇다고 당신이 팀원 모두와 친한 사이가 되어야 한다는 뜻은 아니다. 그러나 좋은 리더라면 남들을 코칭하고 도와주는 것을 좋아해야 하고, 그들의 성공을 위해 무엇이든 다 하고 싶어야 한다.

이를 실천하는 가장 강력한 방법 중에 하나가 팀원들에게 감사하는 것이다. 단순히 팀원들의 능력이나 결과, 성취 등을 인정하는 것이 아니라 한 인간으로서 그들의 가치를 끊임없이 알아봐주어야 한다.

회의 중에, 대화하면서, 이메일을 통해 여러 방식으로 감사를 표현할 방법을 찾아보라. 앞서 소개한 '감사 의자' 연습을 팀 회의나 워크숍에서 실시해보는 것도 좋다. 팀원들이 무엇을 중시하는지 관심을 기울이고 경청해주는 것도 한 방법이다. 누구나 남들이 자신을 봐주고 자기 얘기를 들어주길 바란다. 나라는 사람이 리더에게 그리고 팀의 성공에 중요하다는 사실을 알고 싶어 한다. 감사는 바로 그런 기능을 수행한다. 진정성 있게 감사를 표현하면 어마어마한 효과를 볼 수 있다.

• 분명한 기대치를 설정한다 명확성은 성공의 필수 요소다. 팀원들과 팀 전체가 높은 수준의 성과를 내기를 바란다면 리더가 정확히 무엇을 기대하는지 알려주어야 한다. '훌륭하다'는 게 어떤 건지 알면 그걸 목표로 삼을 수 있다. '분명한 기대치를 설정한다'는 말은 건강하게 높은 기준을 세운다는 뜻이다. 기대치가 분명하면, 리더나 팀 전체가 책임감을 형성하기도 쉽다. 또한 그 목표를 성취할 가능성도 커지고 수많은 혼란과 애매모호함, 시행착오를 줄이거나 제거할 수 있다. 제1장에서 이야기한 아리스토텔레스 프로젝트를 통해 구글이 발견한 내용에 따르면 팀의 성공과 성과에는 심리적 안전이 매우 중요할 뿐 아니라 체계와 명확성이 반드시 필요하다.

목표와 역할, 실행 계획이 분명할 때 팀은 번창할 수 있다. 리더의 주된 책임 중에 하나는 모든 팀원이 바로 이것들을 분명히 알 수 있게 해주는 것이다.

• 동기 부여와 스트레스 요인을 잘 안다 팀원들이 높은 성과를 내도록 동기를 부여하고 싶다면 리더는 팀원들에 관해 최대한 많이 알아야 한다. 부하 직원 한 명, 한 명 또는 팀 전체와 훌륭한 대화

를 나눌 수 있는 방법이 있다. 다음과 같은 말로 시작하면 된다. "여러분에게 의욕을 불어넣고 싶을 때 구체적으로 제가 할 수 있는 말이나 행동이 있을까요? 아니면 반대로, 제가 여러분을 짜증나게 하고 스트레스 받게 하는 건 어떤 때일까요?"

다시 말해 모든 팀원과 대화를 나누어서 그들에게 동기를 부여하거나 스트레스를 주는 게 무엇인지 명확히 알아내라. 그 대답을 듣고 나면, 팀원들과 소통하거나 그들에게 코칭을 해줄 때 어떻게 해야 하는지 힌트를 얻을 수 있다. 또 팀원들도 당신이 그들 또는 팀 전체를 위해서 최선의 리더가 되려고 헌신적으로 노력하고 있다는 사실을 알 수 있다.

• **익숙한 영역을 벗어나도록 독려한다** 작가 닐 도널드 월시Neale Donald Walsch가 했던 이 말을 좋아한다. "안전지대의 끝에서 인생은 시작된다." 너무나 맞는 말이다. 진정한 성장과 성과가 나타나기 위해서는 늘 익숙한 그 영역을 벗어나야 한다. 하지만 이는 겁나고 불편한 시도일 수도 있기 때문에 주위 사람들이 우리의 도전 의식을 자극해주는 게 필요하다. 리더가 할 수 있는 가장 중요한 일은 팀원들이 한계라고 여기는 것을 넘어서도록 독려하는 것이다. 그전에 먼저 팀원들을 아끼고 그들에게 감사하며 독려에 대한 허락을 받아두어야 한다. 이런 게 모두 갖춰진 상황에서 리더가 열정적으로 팀원들의 도전 의식을 자극한다면 팀원들의 성과

는 올라갈 것이다.

구체적인 요구사항을 가지고 팀원들의 도전 의식을 자극하고, 팀원들에게 책임을 부여하라. 그들이 무언가 새로운 것을 시도할 수밖에 없도록 만들고 스스로 자기 발전에 나서게 하라. 그렇게 한다면 해당 팀원뿐 아니라 궁극적으로는 팀 전체에 도움이 될 것이다.

• **팀원들에게 책임을 진다** 리더는 자신이 보고하는 상사나 자신이 구성원으로 있는 팀(첫 번째 팀)에서 맡고 있는 책임이 있다. 또 나에게 보고하는 팀(두 번째 팀)이나 그 팀원들이 맡은 책임에 대해서도 중요한 역할을 담당하고 있을 것이다. 그러나 헌신과 성과를 중시하는 단단한 조직문화를 만들려면 리더는 본인도 팀원들에 대한 책임감을 가져야 한다. 다시 말해 당신이 헌신하는 목표와 기준, 업무가 무엇인지 분명히 밝히고, 그 부분에 대해서는 부하 직원들에게 책임을 져야 한다. 하겠다고 말한 것은 해야 하고, 자신과 팀을 위해 세운 기준과 가치관을 따라야 한다(또한 그러지 못했을 때는 인정하고 상황을 바로잡아야 한다).

리더가 기꺼이 책임감 있는 모습을 보이면 팀원들도 그를 따를 것이다. 건강한 방식으로 스스로 또는 서로에게 책임을 지울 것이며, 이는 결국 높은 성과로 이어질 것이다.

서로의 도전 의식을 자극하기 위한 팀원들의 역할

동료들을 아끼고 그들의 도전 의식을 자극할 수 있느냐 하는 부분은 개인 및 팀의 성과와 팀 문화에 큰 영향을 미친다. 앞서 말한 리더가 할 수 있는 일의 다수가 팀원들에게도 똑같이 적용된다.

팀원들을 아끼고 그들의 도전 의식을 자극해 각 팀원 및 팀 전체가 성공하기 위해 추가로 실천할 수 있는 일들을 몇 가지 소개하겠다.

• **동료들에게 감사한다** 내가 팀원들에게 감탄하고, 높이 평가하고, 고맙게 생각하는 게 무엇인지 알려줘라. 그러면 결국 신뢰와 교감이 쌓이고, 팀원들은 당신의 피드백이나 지원, 도전 의식 자극에 대해 더 마음을 열게 될 것이다. 상사를 비롯해 다른 사람들(타 부서 직원, 고위직 리더, 외부 파트너 이외 함께 일하는 사람들)에게도 감사를 표현하는 게 중요하다. 그들로부터 어떤 긍정적 영향을 받았는지 알려주면 사람들은 내가 그들을 보고 있고, 높이 평가하고, 아낀다는 느낌을 받는다. 다른 사람들을 참조인으로 넣

어 감사 편지를 보내라. 회의를 시작할 때와 끝낼 때 감사를 표현하라. 워크숍에서 감사 의자 연습을 해보자고 상사에게 제안하라. 주위 사람들에게 감사를 표현할 크고 작은 방법을 찾아내라.

• **동기 부여와 스트레스 요소를 알린다** 리더들에게 부하 직원과 대화를 나누라고 했던 것처럼 똑같은 대화를 당신이 직접 상사나 함께 일하는 사람들과 가져도 된다. 이렇게 말하라. "만약 나에게서 최대치를 끌어내고 싶고, 엄청난 동기 부여를 하고 싶다면 이렇게 하면 돼요…." 그리고 원하는 바를 구체적으로 알려줘라. 추가로 이렇게 말할 수도 있다. "내가 스트레스 받고, 마음을 닫고, 정말로 짜증나길 바란다면 이렇게 하시면 돼요…." 가능한 구체적일수록 좋다. 스스로 용기를 내서 상사나 팀원 등에게 이런 요구사항과 힌트를 진정성 있게 이야기한다면 그들과의 관계가 더 깊어질 뿐 아니라 당신과 원활하게 소통하고 당신에게 동기를 부여할 수 있는 방법을 제대로 전달할 수 있을 것이다. 그렇게 파트너가 되고 서로를 응원할 수 있는 대화를 시작한다면 당신에게 그리고 팀 전체에까지 도움이 될 것이다.

• **주도적으로 책임을 맡는다** 책임이란 주는 쪽이나 받는 쪽이나 양쪽 모두에게 겁나고 스트레스가 되는 일이다. 그래서 우리는 주도적으로 책임을 맡아야 한다. 상사나 팀원들에게 나의 성장과 성공에 도움이 되는 방식으로 나에게 책임을 맡겨달라고 요구하

라. 책임을 맡는 데 주인의식을 가져라. 예컨대 어렵게 여기는 과제나 목표가 있다면 상사와 일대일로 만났을 때 다음 일주일(한 달 혹은 1분기) 동안 그와 관련해 내가 구체적으로 무엇을 할 것인지 이야기하라. 그리고 정기 미팅마다 해당 과제를 상사와 지속적으로 확인하라. 조금씩이라도 진전을 보고 있는지 확인하고, 만약 어려움이 있다면 구체적 지원을 받아라. 책임에 대해 우리가 주도적이 될수록 스트레스는 줄어들 것이며 이를 통해 팀 내에도 더 많은 헌신과 책임의 문화를 형성할 수 있을 것이다.

• **팀에 헌신한다** 당신이 최고의 팀 플레이어가 되고 팀이 최고 수준의 성공을 거두려면 모든 사람이 올인해야 한다. 그러려면 당신의 헌신이 필요하다. 헌신이란 일어나는 모든 일에 100퍼센트 동의한다거나 모든 팀원과 절친한 친구가 된다는 뜻이 아니다.

헌신이란 팀의 목표와 가치관, 문화, 사람들을 온전히 받아들인다는 뜻이다. 모든 구성원의 뒤를 지켜주고 팀의 성공을 위해 필요한 모든 일을 한다는 뜻이다. 나의 첫 번째 임무는 팀의 승리를 돕는 것임을 기억하고, 그 성공에 방해가 되는 일들을 해결한다는 뜻이다.

원래 헌신이라는 단어는 '어떤 대의나 활동에 전념하는 상태 또는 자질'이라는 의미다. 팀에 헌신한다는 말은 당신과 팀원들이 달성하려고 하는 그 대의에 온전히 정성을 다한다는 말과 같다.

• **팀원들을 응원한다** 훌륭한 팀은 서로를 응원한다. 이 사실을 가장 잘 보여주는 사례는 앞서 소개한 골든 스테이트 워리어스의 경우다. 나는 그들의 농구 경기를 볼 때, 특히 주전선수들이 벤치에 앉아 있을 때 이 점을 많이 느낀다. 선수들이 그처럼 즐겁게, 열정적으로 팀원들을 응원한다는 것은 팀 문화가 단단하고 서로의 성공을 위해 헌신한다는 증거다. 성과는 전염된다는 말을 기억할 것이다. 팀원들을 응원한다는 말은 팀원들이 성공했을 때는 그들을 축하해주고, 모두가 뛰어난 성과를 내려고 노력하는 팀 문화를 만든다는 뜻이다. 이는 우리가 모두 한 배를 탔다는 개념을 실질적으로 구현하는 한 방법이다. 팀원들의 뛰어난 능력과 임무 수행, 성과에 뛸 듯이 기뻐하고, 그 사실을 당사자들도 알 수 있게 하라. 그러면 팀원들은 우리가 그들을 아끼고 소중하게 여긴다는 사실을 느낄 수 있을 뿐 아니라 계속해서 열심히 노력하고 성공하고 싶은 동기가 부여될 것이다. 그리고 이는 당신과 모든 팀원에게도 좋은 자극이 될 것이다.

서로의 도전 의식을 자극하기 위해
팀에서 할 수 있는 일

우리가 다 함께 서로를 아끼고 서로의 도전 의식을 자극하기 위해서 리더와 팀원들이 개인적으로 할 수 있는 일 외에 팀 차원에서 실천할 수 있는 사항을 몇 가지 소개한다.

• **서로에게 투자한다** 서로를 아낀다는 것은 서로에게 투자하는 것이다. 이 말은 곧 팀원들에게 관심을 갖고, 서로 인간적으로 알아가고, 팀원들이 직장에서나 인생에서나 최대한 성공하기를 응원한다는 뜻이기도 하다. 팀원들에게 호기심을 갖고, 그들이 소중히 생각하는 게 무엇인지 알아내고, 방법이 있다면 기꺼이 도와줘라. 서로에게 인간적으로 투자하는 팀은 모든 구성원의 성공을 공유하는 데서 자부심을 느낀다. 이런 팀은 다 함께 대단한 결과를 만들어낼 수 있다.

• **팀 관행을 만든다** 팀 관행은 높은 성과를 내는 팀의 필수 요건이다. 복잡한 것이 아니어도 된다. 언제, 얼마나 자주 팀 미팅이나 일대일 미팅을 가질 것이며, 타 지역에서 일하는 팀원들과는 어떻게 정기적으로 연락하고, 하루 혹은 일주일 중에 가능하다면

언제 함께 뭉칠 것인지 등이 모두 팀 관행이 될 수 있다. 이 외에도 수많은 것이 당신의 선택에 따라 팀 관행이 될 수 있다.

제4장에서 인용했던 시스코의 로잔느 비스비 데이비스는 팀 관행이 갖는 힘에 대해 이렇게 말했다. "팀 관행이 정해져 있으면, 다시 말해 반복된 행동을 통해서 팀이 무엇을 가장 중시하는지 알려주면 모든 팀원에게 특정한 방식으로 일해야 할 책임이 생깁니다. 이런 관행은 팀에 새로운 사람이 합류했을 때 신입이 팀에 잘 적응할 수 있도록 닻의 역할을 해줍니다. 우리 팀이 옹호하는 행동과 함께 일하는 방식이 명확하면 다른 해석의 여지가 남지 않을 테고, 어려운 시기가 오더라도 뛰어난 성과를 낼 수 있을 겁니다."

팀 관행은 리더가 시작하고 진행할 수도 있지만, 팀원이 다 함께 팀 관행을 만들고 지킬 수 있다면 가장 좋을 것이다. 모두가 주인의식을 갖고 팀 관행에 책임을 지는 것이다.

• **분명한 기준을 세운다** 팀 관행과 마찬가지로, 팀이 운영되는 분명한 기준을 세우는 것도 중요하다. 이런 기준이 있으면 행동이나 소통, 근태, 업무 몰입도, 담당 업무 등의 측면에서 서로에게 그리고 각자 자신에게 무엇을 기대하는지가 분명해진다. 미팅 준비에서부터 의견 충돌의 해결, 데드라인 관리, 상호 소통에 이르기까지 모두가 동의하는 업무 기준이 명확할수록 서로 더 잘 보

조를 맞추고, 협업하고, 훌륭한 성과를 낼 수 있다.

• **공동 책임을 진다** 내가 운동을 하면서 배웠던 최고의 교훈 중 하나는 '이겨도 팀이 이기고, 져도 팀이 진다'는 것이다. 물론 보통은 남들보다 결과에 영향을 더 많이 끼친, 핵심적인 공헌을 한 개인이 있게 마련이다. 그러나 공동으로 책임을 지는 팀은 팀의 성공에 가장 도움이 되는 방식으로 서로를 지원한다. 흔히들 말하듯이 "팀에 '나'는 없다". 유명 축구선수 미아 햄^{Mia Hamm}은 이렇게 말했다. "나는 팀의 일원이고, 팀에 의지한다. 나는 팀의 뜻을 따르고, 팀을 위해 희생한다. 왜냐하면 결국 챔피언은 개인이 아니라 팀이기 때문이다."

공동 책임을 진다는 것은 팀 전체가 주인의식을 갖고 모든 구성원이 팀의 성공을 위해 본인이 할 수 있는 것을 다 하는 책임 문화를 만든다는 뜻이다. 결국 최종 목표는 팀의 성공이기 때문이다.

• **함께 축하한다** 팀의 일원이 되었을 때 가장 짜릿한 부분 중에 하나는 팀원들과 함께 축하할 기회가 생긴다는 점이다. 스포츠에서 큰 경기나 결승전을 이겼을 때 최고의 순간 중 하나는 경기가 끝난 후(혹은 시즌이 끝난 후) 서로를 축하할 때이다. 인생이나 비즈니스에서는 이기거나 지는 '큰 게임'이 늘 있지는 않다. 그렇기 때문에 훌륭한 팀이라면 이정표가 되는 순간들과 작은 성공들을

축하하고 그 속에 포함된 노력과 헌신, 희생을 축하할 방법을 찾아야 한다. 오늘날에는 빠르게 변화하는 비즈니스의 속성 때문에 이게 늘 쉽지는 않겠지만, 반드시 필요한 일이다. 즐거운 시간을 보내고 축하하는 데 진심인 팀들은 튼튼한 유대감을 쌓을 수 있고, 그 과정에서 더 큰 성공을 꿈꾸게 된다.

제4장은 우리가 이 책에서 논의한 모든 내용의 정점이다. 먼저 심리적 안전을 확보하고, 구성원들이 포용과 소속감을 느낄 수 있게 해야 한다. 그리고 나서 용기를 내서 중요한 대화들을 나눈다면 진정성 있게 서로를 아끼고 서로의 도전 의식을 자극할 수 있는 준비가 갖춰진다. 네 가지를 모두 실천한다면 우리가 정말로 한 배를 타고 있다는 사실을 기억할 수 있고, 높은 성과를 내고 서로 신뢰하며 소속감을 느끼는 팀 문화를 만들 수 있다. 그게 우리 모두가 바라는 바이고, 모두가 번창하는 길이다.

우리는 언제나 한 배에
타고 있음을 기억하라

6년 전쯤 나는 스위스의 어느 호텔 콘퍼런스룸에 글로벌 제약기업 로슈^{Roche}의 경영진 팀과 함께 있었다. 며칠간 워크숍을 갖게 된 로슈의 경영진 팀이 내게 하루짜리 팀 개발 프로그램을 의뢰한 것이었다. 설레는 자리였지만, 한편으로 나는 지치고 마음이 약해져 있었다. 두 달 동안 벌써 세 번째 해외 출장이었고, 시차 때문에 전날 밤에는 한 시간도 잠을 자지 못했다. 2년 전에 암 진단을 받은 누나 로리는 한동안 차도가 있는 듯하더니 암이 재발한 것으로 밝혀져 나를 슬프고 두렵게 만들었다.

그 와중에도 나는 로슈의 경영진 팀과 진행하게 될 프로그램에 집중하려고 최선을 다하고 있었다. 그들은 정말로 똑똑하고, 성실하고, 흥미로운 사람들이었다. 경영진 팀은 그동안 상당히 좋은 성과를 냈지만 당시에는 몇 가지 난관을 헤쳐 나가던 중이었다. 경영진 일부는 스위스에 살면서 바젤에 있는 로슈 사무실에서 일하고, 다른 일부는 내가 사는 샌프란시스코 베이에어리어 근처에 살면서 제넨테크(로슈의 자회사) 사무실로 출근하고, 또 나머지는 스위스도, 미국도 아닌 다른 나라에서 근무하고 있는 복잡한 상황이었다.

프로그램을 순서대로 진행하고 있던 우리는 '나를 정말로 안다면…' 과제를 연습해볼 차례가 됐다. 내가 너무 피곤하고 감정적으로 무방비 상태였던 탓일 수도 있고, 아니면 로슈 경영진이 누나 로리가 곧 다시 투약하게 될 항암제를 개발하고 유통시키는 회사의 사람들이라는 것을 내가 알고 있었던 탓일 수도 있다. 연습을 시작하고 빙산의 아랫 부분을 보여주던 나는 감정이 차올라 누나에 관한 얘기와 당시 내 심정을 이야기했다. 많은 사람이 내말을 이해하는 게 눈에 보였고, 공감을 보내주는 게 느껴졌다.

우리는 순서를 돌아가며 한 명씩 자신에게 벌어지고 있는 일들을 이야기했고, 방 안에는 여러 감정이 범람했다. 나처럼 아픈 가족을 둔 사람들도 있었고, 연로한 부모님의 얘기를 하는 사람들도 있었다. 어린 자녀에 관해 들려준 사람들도 있었고, 직장에서 받는 스트레스를 언급하는 사람도 있었다. 미래에 대한 두려움,

가족에 대한 의무와 직장에서의 의무 사이에서 균형을 잡기가 쉽지 않다는 고충, 누군가의 죽음으로 느끼는 고통, 리더로서 겪는 어려움, 꿈… 수많은 이야기가 나왔다. 다들 각자의 삶, 자신만이 아는 경험과 감정을 이야기하고 있었는데도 우리의 이야기에는 공통점이 있었다. 우리는 인간으로 산다는 게 과연 무엇인지에 관해 이야기하고 있었다. 모두 속 깊은 이야기를 나누었고, 눈물을 흘린 사람도 많았다.

연습을 마무리할 때쯤 한 사람이 손을 들었다. 그는 경영진 팀 내에서도 수줍음이 많고 말수가 적은 사람이었다. 나는 이 남자가 무슨 말을 할까 궁금해하며 발언권을 주었다. 그는 이렇게 말했다. "와, 정말 강렬하네요. 다들 마음을 열고 속에 있는 진짜 이야기를 해주셔서 정말 감사드려요. 고맙습니다." 그러고는 조용히 제안을 하나 했다. 남자는 가슴이 벅차오르는 듯 목소리가 약간 떨렸다. "진행자님, 지금 잠시 쉬는 시간을 갖고, 돌아가며 서로 안아주어도 괜찮을까요?" 나는 미소를 지으며 말했다. "당연하죠."

그리고 15분 동안 이 팀은, 그처럼 많이 배우고, 유능하고, 높은 자리에까지 오른 고위직 리더들은 방안을 돌아다니며 서로를 포옹하고, 울음을 터뜨리고, 함께 웃었다. 직책이나 역할, 배경, 목표, 결과, 시장 상황, 전략, 계획, 목적 따위는 상관없었다. 다 함께 열심히 일하고 서로를 아끼는 한 무리의 사람들이 진심과 인류애를 나누며 인간적 차원에서 교감하고 있었다. 아름다운 광경이었다. 나는 그 자리에서 그들과 함께 그런 경험을 나눌 수 있는 게 영광스러웠다.

이 책에서 그동안 이야기했던 것처럼 팀이 하나로 뭉치는 것은 쉬운 일은 아니다. 누구나 가정환경 혹은 과거의 경험이 남기고 간 마음의 짐과 기대치가 있다. 특히나 요즘에는 단합을 더 어렵게 만드는 수많은 요인과 영향력, 두려움, 상황들이 있다. 뉴스를 통해 미국이나 전 세계에서 지금 무슨 일이 일어나고 있는지 들으면 낙담하여 마음의 문을 닫거나 부정적 태도에 동조하거나 편을 가르기 쉽다. 변화의 속도와 압박감에 사로잡혀 내 주위에 있는 사람들이 얼마나 중요한지 보지 못할 수도 있다.

그러나 내가 지금까지 이렇게 살아오면서 봤을 때, 또 지난 수십 년간 온갖 종류의 조직과 팀, 사람들과 일했던 경험을 봤을 때 우리는 서로 교감하도록 만들어져 있고 하나로 뭉치고 싶어 한다. 오늘날 우리는 이처럼 다양하고 복잡한 세상에 살고 있지만 마음속 깊은 곳에서는 우리가 서로 한 팀이라는 것, 서로 다른 점보다는 비슷한 점이 훨씬 더 많다는 것 그리고 서로를 정말로 필요로 한다는 것을 알고 있다.

미래에 정확히 어떤 일이 벌어질지는 알 수 없다. 내 커리어가 어떻게 될지, 우리 팀이 성과를 잘 낼지, 우리 회사는 별 탈이 없을지, 경제가 어떻게 될지, 대통령이나 리더는 누가 될지, 사랑하는 사람들에게 무슨 일이 일어날지… 그게 아니더라도 크고 작은 불확실성으로 가득하다.

누나 로리는 내가 스위스에서 그 워크숍을 진행하고 1년쯤 지난 뒤 세상을 떠났다. 너무나 고통스러운 경험이었지만 그날 내가 로슈의 경영진 팀으로부터 받았던 공감과 친절은 진짜였고, 그 힘든 시기에 가족과 친구, 동료, 고객들로부터 받은 사랑과 응원도 마찬가지였다. 나도 살면서 많은 상실과 슬픔을 겪었기에 그게 얼마나 힘든 일인지 알지만, 이는 또한 인간의 가장 보편적인 경험이기도 하다. 이런 일들을 이겨내고 치유하기 위해서는 주위 사람들에게 기댈 수밖에 없다.

살아가는 것도, 비즈니스도 지금까지 항상 그래왔듯이 앞으로도 늘 불확실할 것이다. 소스라칠 만큼 무서운 일일 수도 있지만 산다는 게 원래 그런 거고, 인간은 근본적으로 약한 존재다. 사회적으로, 회사에서 또 개인적으로 우리 앞에는 계속해서 수많은 이슈와 난관이 기다리고 있을까? 당연하다. 앞으로도 해야 할 일들은 산더미 같을까? 틀림없다. 다시 한번 힘을 내고 그런 도전에 맞설 수 있을까? 물론이다.

그러려면 최선을 다하고, 정말로 바라는 영향력을 미치고, 잠재력을 온전히 다 펼치기도 해야 하겠지만 혼자서는 할 수 없다. 함께 해야 한다.

당신과 당신의 팀이 기꺼이 필요한 일들을 하겠다고 하면, 저항과 의구심, 냉소주의에 맞서겠다고 하면, 심리적 안전을 확보하고 포용과 소속감에 초점을 맞추겠다고 하면 믿기지 않을 만큼 강력한 신뢰와 성과를 만들어내고 유지하면서 놀라운 일들을 이뤄낼 수 있을 것이다.

이를 위해서는 의지와 헌신, 용기가 필요하다. 그리고 가장 중요한 것은, '저들'은 없다는 것, 오직 '우리'뿐이라는 것, 우리는 정말로 한 배를 탔다는 것을 깊이 있게 이해해야 한다.

참고 도서와 자료들

아래 언급된 도서와 팟캐스트, 웹사이트, 영상 들은 내가 강력하게 추천하는 자료들이다. 각각의 콘텐츠는 당신과 당신의 팀의 성장에 많은 도움을 줄 것이다. 시간이 날 때 틈틈이 살펴보길 바란다.

나의 콘텐츠

도서
《Be Yourself, Everyone Else Is Already Taken》
《Bring Your Whole Self to Work》
《Focus on the Good Stuff》
《Nothing Changes Until You Do》

음원 및 영상
The Power of Appreciation
TED talks: Mike-Robbins.com/Videos

팟캐스트
We're All in This Together: Mike-Robbins.com

추천 도서

《돈, 착하게 벌 수는 없는가Conscious Capitalism》, 존 매키, 라젠드라 시소디어, 흐름출판, 2014
《최고의 팀은 무엇이 다른가The Culture Code》, 대니얼 코일, 웅진지식하우스, 2022
《리더의 용기Dare to Lead》, 브레네 브라운, 갤리온, 2019
《딜리버링 해피니스Delivering Happiness》, 토니 셰이, 북하우스, 2010
《Don't Sweat the Small Stuff at Work》, Richard Carson
《드라이브Drive》, 다니엘 핑크, 청림출판, 2011
《EQ 감성지능Emotional Intelligence》, 대니얼 골먼, 웅진지식하우스, 2008
《두려움 없는 조직The Fearless Organization》, 에이미 에드먼슨, 다산북스, 2019
《나는 왜 이 일을 하는가 2Find Your Why》, 사이먼 시넥, 마일스톤, 2018
《팀워크의 부활The Five Dysfunctions of a Team》, 패트릭 렌시오니, 위즈덤하우스, 2021

《Great Teams》, Don Yaeger

《그릿Grit》, 안젤라 더크워스, 비즈니스북스, 2019

《How to Be an Inclusive Leader》, Jennifer Brown

《문화지능 CQ 리더십Leading with Cultural Intelligence》, 데이비드 리버모어, 꿈꿀권리, 2017

《Leading with Noble Purpose》, Lisa Earle McLeod

《린 인Lean In》, 셰릴 샌드버그, 와이즈베리, 2013

《마인드셋Mindset》, 캐롤 드웩, 스몰빅라이프, 2023

《노 하드 필링스No Hard Feelings》, 리즈 포슬린, 몰리 웨스트 더피, 파우제, 2019

《옵션 BOption B》, 셰릴 샌드버그, 아담 그랜트, 와이즈베리, 2017

《매슬로에게 경영을 묻다Peak》, 칩 콘리, 비즈니스맵, 2009

《The Power of a Positive Team》, John Gordon

《실리콘밸리의 팀장들Radical Candor》, 킴 스콧, 청림출판, 2019

《라이징 스트롱Rising Strong》, 브레네 브라운, 이마, 2016

《너의 내면을 검색하라Search Inside Yourself》, 차드 멩탄, 알키, 2012

《SQ 사회지능 Social Intelligence》, 대니얼 골먼, 웅진지식하우스, 2006

《StandOut 2.0》, Marcus Buckingham

《탐스 스토리Start Something That Matters》, 블레이크 마이코스키, 세종서적, 2016

《위대한 나의 발견 2.0 StrengthsFinder 2.0》, 갤럽 프레스, 청림출판, 2021

《Success Intelligence》, Robert Holden

《대전환이 온다Team Human》, 더글러스 러시코프, 알에이치코리아, 2021

《티밍Teaming》, 에이미 에드먼드슨, 정혜, 2015

《제3의 성공Thrive》, 아리아나 허핑턴, 김영사, 2014

《트리거Triggers》, 마셜 골드스미스, 다산북스, 2016

《무엇이 우리의 성과를 방해하는가The Way We're Working Isn't Working》, 토니 슈워츠, 리더스북, 2011

《백인의 취약성White Fragility》, 로빈 디앤젤로, 책과함께, 2020

《우리는 언제나 늑대였다Wolfpack》, 애비 웜백, 다산북스, 2020

《구글의 아침은 자유가 시작된다Work Rules!》, 라즐로 복, 알에이치코리아, 2021

《라커룸 리더십You Win in the Locker Room First》, 존 고든, 리얼부커스, 2016

워크숍

사이트

Being the Change (ChallengeDay.org)

The Hoffman Process (HoffmanInstitute.org)
The Landmark Forum (LandmarkWorldwide.com)
The New Warrior Training Adventure (ManKindProject.org)
The Shadow Process (TheFordInstitute.com)

팟캐스트

Ten Percent Happier with Dan Harris
Armchair Expert with Dax Shepard
Good Life Project with Jonathan Fields
HBR IdeaCast
The Marie Forleo Podcast
The School of Greatness with Lewis Howes
The TED Radio Hour from NPR
The Tim Ferriss Show
WTF with Marc Maron
Conferences/Retreat Centers
1440 Multiversity (1440.org)
Better Man Conference (BetterManConference.com)
Conscious Capitalism Conference (ConsciousCapitalism.org)
Culture First Conference (CultureAmp.com)
Esalen Institute (Esalen.org)
Omega Institute (Eomega.org)
South by Southwest (SXSW.com)
Wisdom 2.0 Conference (Wisdom2Summit.com)
Workhuman Live (Workhuman.com)

영상 / 웹사이트 / 블로그

The Call to Courage (Brene Brown on Netflix)
HBR.org (Harvard Business Review website)
Forbes.com (Forbes magazine website)
The Mask You Live In (TheRepresentationProject.org)
TED.com (any and all videos on this site or app, especially by Brene Brown, Daniel
Pink, Elizabeth Gilbert, Simon Sinek, and Steve Jobs)

위대한 팀의 탄생

초판 1쇄 발행 · 2023년 7월 14일

지은이 · 마이크 로빈스
옮긴이 · 이지연
발행인 · 이종원
발행처 · (주)도서출판 길벗
브랜드 · 더퀘스트
주소 · 서울시 마포구 월드컵로 10길 56(서교동)
대표전화 · 02)332-0931 | **팩스** · 02)322-0586
출판사 등록일 · 1990년 12월 24일
홈페이지 · www.gilbut.co.kr | **이메일** · gilbut@gilbut.co.kr

책임편집 · 정아영(jay@gilbut.co.kr), 김세원, 유예진, 송은경, 오수영
마케팅 · 정경원, 김진영, 최명주, 김도현
제작 · 이준호, 손일순, 이진혁 | **영업관리** · 김명자, 심선숙 | **독자지원** · 윤정아, 최희창

교정교열 · 김민혜 | **표지디자인** · 김종민디자인 | **본문디자인** · aleph
CTP 출력 및 인쇄 · 정민 | **제본** · 정민

ISBN 979-11-407-0494-1 03320
(길벗 도서번호 090233)

정가 20,000원

독자의 1초를 아껴주는 길벗출판사

(주)도서출판 길벗 | IT교육서, IT단행본, 경제경영서, 어학&실용서, 인문교양서, 자녀교육서 www.gilbut.co.kr
길벗스쿨 | 국어학습, 수학학습, 어린이교양, 주니어 어학학습, 학습단행본 www.gilbutschool.co.kr

---